ICONIC
TAROT DECKS

アイコニック・タロット

イタリア・ルネサンスの寓意画から
現代のタロット・アートの世界まで

サラ・バートレット 著　伊泉龍一 監訳

Picture credits

本書の発行にあたり、タロット・カードの掲載・複製を許可してくださった次の方々に感謝します。それぞれの作品の帰属を正しく記載し、もし誤植・欠落等があった場合には、再版時修正し、正しい情報を提供します。

Illustrations from the following decks reproduced by permission of Lo Scarabeo S.r.l., Italy. © of images belong to Lo Scarabeo S.r.l.
The Book of Thoth Etteilla Tarot (6, 51–5), Rider-Waite-Smith Tarot (20–6, 57–3), Visconti-Sforza Tarot (28, 37–43), Sola Busca Tarot (30l, 164–9), The Classic Tarot (83), The Universal Tarot (84–5), The Mystical Tarot (86–7), John Bauer Tarot (100, 135–7), The Golden Tarot of the Renaissance (104–9), Mantegna Tarocchi (111–15), Minchiate Etruria (117), Mitelli Tarocchino (118–19), Tarot of the Thousand and One Nights (138–9), Crystal Tarot (141), The Golden Tarot of Klimt (149), The Lost Code of Tarot (152–3), Tarot Illuminati (187), Tarot of the New Vision (206–7), Nefertari's Tarot (208–9)

Illustrations from the following decks reproduced by permission of U.S. Games Systems, Inc., Stamford, CT 06902 USA. © U.S. Games Systems, Inc. Further reproduction prohibited.
The Aquarian Tarot (70, 74–7), Morgan-Greer Tarot (78–81), Crystal Visions Tarot (90–1), Paulina Tarot (92–3), The Golden Tarot (96–9), The 1JJ Swiss Tarot (126–7), Deviant Moon Tarot (150–1), Oswald Wirth Tarot (171–3), The Hermetic Tarot (182–3), Bianco Nero Tarot (204–5), The Goddess Tarot (220–1)

Courtesy of Alchimia Publishing (191); Bibliothèque nationale de France (19, 32, 44–9, 120–2); Illustrations from the Dreams of Gaia Tarot deck reproduced with permission of Blue Angel Publishing. Copyright 2020 Ravynne Phelan. Further reproduction prohibited (203); The Church of Light (185); Ciro Marchetti and Llewellyn Worldwide (158–9); Editions Vega (14, 157); HarperCollins (145–7); International Tarot Museum – Riola – Italy (124–5); James R. Eads, www.jamesreads.com (155); Konigsfurt Urania (192–3, 217); Labyrinthos (17, 218–19); Llewellyn Worldwide (198, 215); Nemo's Locker (213); Noreah Press (31, 160, 195); Images taken from The English Magic Tarot by Rex Van Ryn, Steve Dooley, and Andy Letcher. Tarot cards and colorization copyright © 2016 by Stephen Dooley, used with permission from Red Wheel/Weiser, Newburyport, MA. www.redwheelweiser.com (175–7); Race Point (10, 89); Robert M. Place (179–81); © Salvador Dalí, Fundació Gala-Salvador Dalí, DACS 2021 (142–3); theasis/iStock by Getty Images (30r, 65-68)

First published in 2021 by Frances Lincoln Publishing, an imprint of The Quarto Group.
The Old Brewery, 6 Blundell Street
London, N7 9BH, United Kingdom.
www.QuartoKnows.com

Text © 2021 Sarah Bartlett

Design by Paileen Currie

Japanese edition was produced and published in Japan in 2023 by Graphic-sha Publishing Co., Ltd.
1-14-17 Kudankita, Chiyodaku,
Tokyo 102-0073, Japan
Japanese translation © 2023 Graphic-sha Publishing Co., Ltd.

Contents

監修者前書き

　数えきれないほどの種類のタロットが、世界各地に存在するということをご存じだろうか? そのデザインも多種多様で、それこそ「芸術的」と言いたくなるような素晴らしい絵画的表現のタロットもあれば、素朴で単純で拙い木版画のタロットもある。「オカルト」という語感にぴったりの怪しげでダークな絵柄のタロットもあれば、神々しい光に満ち、宗教的な雰囲気を漂わせた「スピリチュアル」なタロットもある。モダン・アート的な独創性を打ち出したタロットもあれば、現代の洗練された漫画的な技法で描かれたタロットもある。本書では、そんな無数にある多種多様なタロットの中から、とりわけ「アイコニック」なタロットを厳選して紹介している。これまでタロットを知らなかった、あるいは興味をもったことがなかった人でも、本書の中の個性的なタロットの絵を眺めているうちに、見る者の想像力を不思議にもかきたてる独特の世界へと魅了されていくのではないかと思う。

　ところで、そもそもタロットとは何なのか? どこかでタロットについて見聞きしたことがある人ならば、いわゆる「占い」に使われるカードのことだと思われているに違いない。確かにその通り。タロットは占いにも使われている。ここで「にも」とわざわざ強調したのは、実のところ、タロットは占い以外にも使われているからだ。時代を遡れば、15世紀から18世紀頃のヨーロッパにおけるタロットは、占いではなくカード・ゲームに使用されるのが一般的だった。実際、タロットが占いに大々的に使われるようになったのは、18世紀末以降のことでしかない。さらに19世紀後半から20世紀前半頃になると、今度はゲームでもなく占いでもなく、当時流行したオカルティズムと結びついていく。それによって、タロットは秘教的な思想を象徴的に表現した図像へと姿を変えていった。20世紀後半にもなると、アメリカを中心とする「ニューエイジ・ムーヴメント」とも呼ばれた新たな霊性運動の中で、タロットはユング心理学やトランスパーソナル心理学へと接近していった。その結果、タロットの絵は、人間の心の成長段階を描いた地図のようなものとして解釈され、自己啓発的な意図でも使用される「心理学」的なツールのようなものにもなった。

こうした時の流れの中で、その姿を変えながら、いや変え続けたから
こそ、タロットはその命脈を保ち続けてきたと言っていいだろう。だからこ
そ、冒頭で述べたように、タロットには今や無数のバリエーションが存在
するのである。全部でカードは78枚。それらは「大アルカナ」と呼ばれ
る22枚のカードと「小アルカナ」と呼ばれる56枚のカードから構成され
る。現代のタロットは、この基本的なフォーマットに概ね従いながらも、
製作者の個性、美的感性、価値観、意図などを反映した多種多様な
姿を見せるようになっている。その変化は、タロットの世界が閉じられるこ
となく、開かれ続けていくかぎり、終わることはないだろう。もちろん、こ
の過去から未来へと向かって多様に分岐していくタロットの概観は、本書
全体を通して見ることができる。では、想像力豊かなアーティストたちが
生み出してきた個性溢れる「アイコニック」なタロットたちを、ぜひとも存
分に味わっていただきたい。

　本文に入る前に、本書の訳語についても述べておきたい。原著の中の
「Tarot deck」という語は、「タロット・デック」とカタカナで表記した（こ
の場合の「デック（deck）」は「一組」とか「一揃い」という意味になるが、
「一組のタロット」という意味。日本のタロット本では「タロット・デッキ」と
表記されている場合もある）。一方、「Tarot」という語も英語の発音に
近づけるなら「タロウ」ないしは「タロー」になるが、慣例に従って「タロッ
ト」とした。本文の中にしばしば登場する「トランプ（trumps）」と言う
語は、「大アルカナ」のカードのことを指している（念のために言うと、
日本では「クラブ」、「スペード」、「ダイヤ」、「ハート」からなる一般
的なゲーム用のカードのことを「トランプ」と呼んでいるが、これは日本特
有の呼び方である）。

伊泉龍一

5

LA LUMIÈRE   LA LUMIÈRE

Introduction

序文

タロットの世界では、自己認識の道に向かって出かけて行くとき、愚者の旅のアナロジーを使うことが広く見られるようになった。そこでは「愚者」ないし自分自身が、他の人物たちと出会い、そして個の成長への足掛かりと見なされている多様な状態（大アルカナのカードの中で見られる状態）を経験していくことになる。その場合、個々のカードあるいは足掛かりとなるものが、私たちの内部にある、言葉に言い表せない不可思議なものを、実際に映し出すことになるだろう。また、タロットの旅によって、決断することや自身の選択に責任を負うことを学ぶことも、また自分が共鳴しているさらに深い元型的な主題を理解し始めることもできるだろう。しかしながら、私が示唆したいと思っているのは、こうした信念（私が完全に同意している信念）とは別に、タロットの製作者、画家、神秘主義者、オカルティスト、貴族、詩人、王女たちについての物語ですらも、あなたを映し出すものになりえるということなのだ。

　ルネサンス期の細密な肖像画を描いた画家であれ、カードの比喩的表現に秘教的な象徴を巧妙に追加したオカルティストであれ、こうした人物たち自身も、あなたのタロットの旅の核心部に実のところ存在している。タロットの内部には、これらの人々やアイデアの何もかもが永遠に保存されていて、それら全てがあなたを映し出すことになるのである。

　単なるタロットの歴史でもなければ、解釈やヒーリングや占いのための実践的なガイドでもない、というのが本書の特徴である。タロットに吹き込まれ、浸透している物語や秘密、象徴や謎めいたもの、タロットと出会った人々が残していった遺産。そうした諸々のことが本書では扱われているのである。というのも、タロットに生気を与えているのは、こうした文化的な「活力」だからだ。その最初の用途が、たとえ賭け事のためのものであったとしても、あるいは君主や廷臣に家族の愚行を思い出させるものだったのだとしても、タロットは非常に上質なワインの中に漬け込まれたプラムのように、過去からの最も甘く、かつ最も苦い味わいを吸収してきた。また、たとえ秘教的な情報のやり取りのための媒体であったとしても、あるいは占いの道具であったとしても、タロットは通ってきた場所のあらゆるイメージ、思想、哲学、秘事、文化的なもの、社会的なもの全てを、一連の大きな思考の連なりにも似た、その流れの中へ蓄積してきたのだ。

　本書を読むことで、そうしたタロットの中の全てが、自分の中の全てと関連しているということに、あなた自身気づくことになるだろう。

The Seventy-Eight Cards

78枚のカード

現在のタロットの標準的なデックは、78枚のカードから成る。小アルカナと呼ばれる4種類のスート各14枚のカードと、大アルカナと呼ばれる22枚のカードで構成されている。4つのスートは、通常、「ソード」「ワンド」「ペンタクル」、「カップ」と呼ばれるが、デックの制作者の主題により、バリエーションが生まれる場合もある。しかし、一般的には西洋占星術におけるエレメントに関連している。すなわち、ソードは「空気」、ワンドは「火」、ペンタクルは「土」、カップは「水」に対応するのが普通である。

大アルカナ

22枚の大アルカナのカードは、1から21までの番号が振られていて、「愚者」のカードには番号がない。1番を「魔術師」、21番を「世界」とする大アルカナは、最もパワフルで、個人的かつ元型的なカードである。番号のない「愚者」は、自身の本質と見なされることがある。

元型

大アルカナは、誰もが知っている強力な元型として解釈されるのが普通だが、無意識下に隠されているものを示すこともある。占いまたはセルフヒーリングのリーディングで使われる場合、イメージが、私たちの内部に反応を引き起こす。それは様々な状況を知らせるものであり、語られる必要があったり、すでに(または、これから)私たちの生活の中に顕在するものであったりする。また、出来事、経験、出会う人物など、外からの影響である可能性もある。カードの配置によって、元型的な意味はポジティブなものから、もっとネガティブなものへと変化し、その逆もあり得る。

4つのスート

4つのスートには、通常、1(エース)から10までの10枚の「ピップ・カード」(ヌーメラル・カード)と、4枚の「コート・カード」がある。コート・カードは、昇順に、ペイジ、ナイト、クイーン、キングで、この形式は、特に『ライダー=ウェイト=スミス』の形式のデックに見られる(p.56)。しかし、ペイジがプリンセス、ナイトがプリンスになるなど(『クロウリー・トート・タロット』形式、p.64)、呼称が変更されているデックもある。また、現代のデックになると、さらにバリエーションが増え、母親、父親、娘、息子などがコート・カードとして使われることもある。

◀ インチャンティッド・
タロットの大アルカナ
（p.88）

運命の車輪、力、司祭、
愚者

The Major Arcana

大アルカナ

各カードの象徴的な対応と解釈を、
ここで簡単に紹介しておきたい。

愚者 The Fool

番号なし：無限の可能性

占星術との対応：天王星−自由

キーワード／フレーズ：自発性。衝動。真実が見えていない。変わらぬ楽観主義者。冒険への準備。一か八かやってみる。たとえ他人が間違っていると思っていても、進むべき正しい道を知っている。

魔術師 The Magician

1：集中した行為

占星術との対応：水星−魔術

キーワード／フレーズ：魔法のような結果を得る。集中的に努力し行動する。説得力。結果が出る時。知は力なり。アイデアを取り入れ実行に移す。

高位の女司祭 The High Priestess

2：神秘

占星術との対応：月−受容性

キーワード／フレーズ：秘められた可能性。秘密が明らかになる。女性の直感。真実を見抜く。見え透いたものを越えて、隠されているものは何か、あるいは何が真実であるかを見抜く。

女帝 The Empress

3：豊穣

占星術との対応：金星−耽溺

キーワード／フレーズ：具体的な結果、または創造力の産物。官能。充実。世俗的な享楽。喜びの表現。人間関係の中での母親のような人物。

皇帝 The Emperor

4：権威

占星術との対応：牡羊座−組織

キーワード／フレーズ：公的な事柄。男性的な力。権威と規律。賢明な助言。達成。動機。人間関係の中での父親のような人物。

司祭 The Hierophant

5：知識

占星術との対応：牡牛座−敬意

キーワード／フレーズ：慣習に合わせる。敬意。精神的指導者。新たに信じられるものを見出す。義務を果たす。法律や規範を理解する。教義に影響される。

恋人 The Lovers

6：愛

占星術との対応：双子座−選択

キーワード／フレーズ：誘惑、恋愛での選択を行う。肉体的魅力。恋愛での三角関係。自分の気持ちに問いかける。自分にとって愛とは何か？

戦車 The Chariot

7：自信

占星術との対応：射手座−達成

キーワード／フレーズ：決断。意志の力。成功へと向かっている感覚や成功への意欲。大胆さ。自ら始める。感情の制御。進み続ける。

力 Strength

8：勇気

占星術との対応：獅子座−力

キーワード／フレーズ：穏やかな力。厄介な状況を制御する。責任を引き受ける。他者への思いやりや寛大さ。欲望を抑える。

隠者 The Hermit

9：思慮深さ

占星術との対応：乙女座−識別

キーワード／フレーズ：内省。過去を見つめる。人生の意味を探す。魂の探求。より深いところにある欲求を理解する。前進するために一歩後退する。

運命の車輪 The Wheel of Fortune

10：運命

占星術との対応：木星−好機

キーワード／フレーズ：流れに身を任せる。好機を利用する。変化を恐れない。人生の変化の周期に適応する。新しい始まり。必然性。カルマ。

正義 Justice

11：公正

占星術との対応：天秤座−調停

キーワード／フレーズ：決定する。行動に対する責任を受け入れる。公平な判断が必要とされる。正義。法的問題。公明正大な行為。調和。

吊るされた男 The Hanged Man

12：パラドックス

占星術との対応：海王星−移行

キーワード／フレーズ：人生を別の視点から見る。中間の状態にいる。環境に適応する。パラドックス。行動を起こす前に立ち止まって考える。

死 Death

13：変化

占星術との対応：蠍座−変容

キーワード／フレーズ：気持ちの変化。一つの周期の終わりと次の周期の始まり。過去を手放す、ないしは前に進む。変化を受け入れる。自分の選択を受け入れる。

節制 Temperance

14：中庸

占星術との対応：蟹座−協調

キーワード／フレーズ：複数のアイデアを融合する。譲歩の必要性。全てのことへの節度。資力を結びつける。必要とされていることと求めていることが矛盾していないか？

悪魔 The Devil

15：誘惑

占星術との対応：山羊座−物質主義

キーワード／フレーズ：誘惑。欲望に縛られる。物質主義。偽りの生活。執着。自己欺瞞。妄想から自分を解放する。最大の敵は自分。

塔 The Tower

16：予期せぬ出来事

占星術との対応：火星−崩壊

キーワード／フレーズ：突然の混乱や変化。予期せぬ崩壊。全てがカオス状態。物事を適切な場所に収めるため白紙に戻す。外部からの影響に適応する。

星 The Star

17：実現

占星術との対応：水瓶座−インスピレーション

キーワード／フレーズ：アイデアや夢の実現。物事の本質を見抜くことや自分を信じること。インスピレーション。明らかになった真実。事態の真実を知る。豊かさと成功。真実に気づく。

月 The Moon

18：幻影

占星術との対応：魚座−脆弱性

キーワード／フレーズ：混乱した感情。想像力や直感力を生かす。真実が見えていない。より深い欲求に目を向ける。自己欺瞞。全てが見かけ通りではない。

太陽 The Sun

19：喜び

占星術との対応：太陽−活力

キーワード／フレーズ：ポジティブなエネルギー。啓発される。創造性と幸福の時間。人々の注目を集める。最大限に生きる。活力。真実を表現する。

審判 Judgement

20：解放

占星術との対応：冥王星−再生

キーワード／フレーズ：自身の真の可能性を知る、啓示や目覚めの呼びかけ。再評価と復活。物事の真相。ありのままの物事を受け止める。

世界 The World

21：全体性

占星術との対応：土星−完成

キーワード／フレーズ：成就。充実。宇宙との一体感。成功した旅──文字通りの旅ないしは自分を受け入れていく心の旅。帰郷。

INTRODUCTION

The Minor Arcana

小アルカナ

　小アルカナのスート——「ソード」、「カップ」、「ワンド」、「ペンタクル」——は、「空気」、「水」、「火」、「土」という西洋の占星術の4つの元素の各々に対応する。ここではそれらの占い上の意味の概略を示しておく。

　覚えておくべきは、通常、小アルカナが日常の体験、感情、思考、欲求と関連しているということだ。コート・カードは、私たちが出会う人々、あるいは私たちの人生に重要な影響を及ぼす人々を表していることもある。

「ワンド」のスート：「火」
The Suit of Wands：Fire

インスピレーション。行動。創造性。物事を成し遂げる。
リーディングで「ワンド」のカードが選ばれた場合、さらなる情熱、興奮、人生における何らかの達成が求められるだろう。ときには、そういったことが予想もしなかった形で生活の中に入り込んでくることもある。目標をまさに実現しようとしているのだとしても、「ワンド」が求めているのは、行動に移す前に、まずは自分が真に望んでいることを心に思い描いてみることだ。

「火」のサイン：牡羊座、獅子座、射手座。

「ソード」のスート：「空気」
The Suit of Swords：Air

精神状態。理性。論理。思考。知力。
知性がしばしば自己破壊の大きな要因ともなることを、「ソード」は思い出させてくれる。私たちは考え過ぎて思考に支配され、不適切な論理を振りかざし、感情の領域を分析ないしは否定してしまうこともある。「ソード」は考え過ぎることをやめて、直感を働かせるよう求めている。

「空気」のサイン：双子座、天秤座、水瓶座。

「ペンタクル」のスート：「土」
The Suit of Pentacles：Earth

現実。目に見える結果。計算。物質。
「ペンタクル」は、地に足をつけさせる。どの点で現実的になるべきか、いかにすれば成功できるのか、生き延びていけるのか、内的にも外的にも安全を見出すことができるのかを教えてくれる。地位を築き、家庭生活を安定させ、職業上の野心を満たすことができたとしても、勝ち負けの計算に重点を置きすぎてしまうと調和が訪れることなどないことを、このスートは思い出させてくれる。

「土」のサイン：牡牛座、乙女座、山羊座。

「カップ」のスート：「水」
The Suit of Cups：Water

感情。情動。欲求。
私たちは感じ、反応し、求め、愛する。「カップ」は、感情的満足感、創造性、受容を促すあらゆるものへの道筋を示している。また、「カップ」は悲しみを示す場合もある。だが、それでも大抵の場合、「カップ」が教えてくれるのは、この先、そうした感情を理解し、それらをただ受け止めていくこと、そして自己を理解することによって成長できるということだ。

「水」のサイン：蟹座、蠍座、魚座。

◀『タロー・ノワール』（p.156）の小アルカナ

「ソードのエース」、「ワンドのエース」、
「カップのエース」、「ペンタクルのエース」

ワンド
Wands

エース：創造的な見通し

2：開拓精神

3：新たな出発

4：調和。祝賀

5：競争。障害となるもの

6：誇り。真価を認められる

7：果敢な抵抗。自分の立場を固守する

8：未完の仕事。素早い行為

9：復力。自信

10：苦闘。重荷

ソード
Swords

エース：明晰。決意

2：拒絶。心の中の迷い

3：裏切り。別離。痛みを伴う真実

4：黙考。休息

5：征服、勝ち目のない状況

6：先へ進む。回復。穏やかな水域

7：策略。不正行為。真実から逃げる

8：出口が見えない

9：「もしこうだったら」という願い。
　　焦点を定め直す。圧倒されないようにする

10：過去から離れて前進する時

ペンタクル
Pentacles

エース：焦点を合わせた状態。接地された状態

2：柔軟性、あれこれ選択肢を考える

3：チームワーク。協調

4：愛着、作り出された秩序。けち

5：苦難。無視。欠乏

6：持つことと持たないこと。
　　与えることと受取ること

7：再評価。査定

8：勤勉。自己鍛錬

9：資力がある。成就

10：豊かな暮らし。富裕

カップ
Cups

エース：新しいロマンス。提案

2：惹きつける。交際

3：祝賀。共有

4：申し出を見ようとしない

5：損失。後悔。起こったことをくよくよ考える

6：郷愁。友好的。陽気。

7：夢想。気まぐれな思いつき

8：前に進む。過去を背後に置いていく

9：恵まれていると感じる

10：らなる見込み。歓喜。

▶『ゴールデン・スレッド・タロット』の
小アルカナ（p.218）

「ワンドの5」、「ソードの3」、
「ペンタクルの4」、「カップのエース」

V

OF WANDS

III

OF SWORDS

IV

OF PENTACLES

ACE

OF CUPS

THE MAJOR ARCANA

The Court Cards

コート・カード

ここで各スートのコート・カードについて、いくつかの有益な解釈を紹介する。通常、「ペイジ」、「ナイト」、「クイーン」、「キング」は、人生において出会う人々、選択する際に有益な、あるいは有害な影響のある人物を表している。また、それらが自分自身の一部、すなわち他者に投影された自分の内面性を示すこともある。そのため、カードが象徴する自分自身の内にある性質は、別の人を通して自分の人生に持ち込まれるか、あるいは自分自身によって表現されるだろう。

ペイジ Pages
どの「ペイジ」も快活なエネルギー、子供っぽい恋人や友人、楽観主義者、屈託のない大人を表す。

ナイト Knights
どの「ナイト」も行き過ぎたエネルギーを表す——たとえば、「ワンドのナイト」は魅惑的な恋人であり、また心ない悪党でもある。

クイーン Queens
どの「クイーン」も創造性と直感力の両方を持った女性性の力を表す。

キング Kings
どの「キング」も力強い権威のある男性、ないしは成熟した力を表す。

ワンドのペイジ Page of Wands
子供のように溢れんばかりの活力。魅力的な愛慕者。創造的なアイデア。

ワンドのナイト Knight of Wands
魅惑的だが信頼できない。冒険心はあるが、態度をはっきりさせない。

ワンドのクイーン Queen of Wands
物怖じしない。大胆でカリスマ的。

ワンドのキング King of Wands
影響力のある権力者。

ペンタクルのペイジ Page of Pentacles
賢い子供。創造性に富んだ友人。

ペンタクルのナイト Knight of Pentacles
融通がきかず頑固だが、物事を成し遂げられる。

ペンタクルのクイーン Queen of Pentacles
物惜しみをせず、思いやりがあり、温かい心の持ち主。

ペンタクルのキング King of Pentacles
信頼できる。ビジネス志向。やり手。

ソードのペイジ Page of Swords
若々しい発想。知的で抜け目ない。

ソードのナイト Knight of Swords
無神経で批判的ではあるが鋭敏で率直。

ソードのクイーン Queen of Swords
洞察力がある。頭の回転が速い。鋭敏。

ソードのキング King of Swords
明瞭に話す。分析的。鋭い観察眼。

カップのペイジ Page of Cups
屈託がない。繊細な心。

カップのナイト Knight of Cups
理想的な恋人だが、疑わしい腹積もりがあることも。

カップのクイーン Queen of Cups
思いやりがある。優しい。親切。

カップのキング King of Cups
賢明。揺るぎない。寛大な父親的人物。

VALET DE BATON

CAVALLIER DE BATON

REYNE DE BATON

ROY DE BATON

▶『マルセイユ・タロット』
のコート・カード（p.44）

「ワンドのペイジ」、「ワンド
のナイト」、「ワンドのクイー
ン」、「ワンドのキング」。

How to Use the Tarot

タロットの使い方

本書の主な関心は、タロット・デックとその物語にある。とはいえ、タロットがどのようにして占いや自己成長の目的のために使われているのかを知っておくことも有益となるはずだ。
ここではカードの使い方を簡潔に紹介しておきたい。

占い

　占い（Divination）という言葉は「神々によって吹き込まれること」を意味するラテン語に起源がある。それは自分の中にある「神性（Divine）」の閃きに触れることと関連している。実際に「占う（divine）」とき、つまり神々からの啓示を獲得しようとするとき、人は象徴という普遍的な言語に対して耳を傾けることになるが、そうすることで私たち誰もが、その一部である、神的なものと呼んでもいい、無意識のより深い働きとつながっていくことになる。

　最近では、ほとんどの人が、自分は何者なのか、自分の人生の目標や目的は何なのかを理解するためにタロットを使うようになっている。また、タロットは、内省や精神的成長のためにも、また特に未来を引き受けるべく意志決定を行うためにも使われるようになった。かつてタロットは「運命を語る」ための手段だと決めつけられていた。だが、タロットの真相は、映し出し、描写するところにある。比類のないデックを考案した、あるいは絵を描いた人たちだけでなく、あなたに関する全てをもタロットは映し出し描写する。それどころか、「あなた」自身が、芸術家であり、オカルティストであり、魔術師であり、哲学者であり……その全てなのである。

運命か自由意志か?

　タロットとは好機を発見し、またその情報を生かしていくための客観的な方法だと考えられている。タロットは、質問や論点に関する現在の状況（通常、「今のあなた」のカードによって表される）、今この瞬間以前の影響や状況（過去のカード）、近い将来の影響や状況（未来のカード）を明らかにする。もちろん、一連の成長の過程や人生の経過は、私たちが常に流動的であること、そのため運命と自由意志は互いに排除し合うものではないことを示している。運命とは意識的な意図なしに起こるもので、自由意志とは個人の選択を通して発動するものだと思われてしまいがちだ。だが、選択することも予期せぬものと遭遇することも、どちらも宇宙の中での「あなた」の深い共鳴の一部なのである。つまり、それらどちらも全ての一瞬一瞬の一部であるため、タロットを使用するとき、その二つのエネルギーは同時に作用しているのである――「私の運命は決まっている」と考えるのではなく、それよりも「私の性格が私の運命である」という

▲ 『ライダー＝ウェイト＝スミス』の「吊るされた男」(p.56)

◀ 『ライダー=ウェイト=スミス』の「ペンタクルの3」(p.56)

. . . .

初心者の場合、カードが宇宙との直感的なつながり
を通して語りかけてくるのを感じるようになるまでは、
主要なキーワードやフレーズが参考になるだろう。

. . . .

言葉に従って考えてほしい。

タロット・リーディング

　タロットは対立という幻想を抹消し、その重要なメッセージが予言ないし運命を語ることとは関係がないということを示してくれる。タロットは今の自分が何者であり、自分の選択を引き受けていくために、その知識を使ってどうすべきなのかということと関連している。

　タロットに助言を求めた瞬間、タロットは自分と宇宙の間の接合部となる。タロットをリーディングすることで、自分自身のことや自分の可能性、また自分の進んで行く方向についてのさらなる発見を促すことができる。タロットが間違ってしまう唯一の可能性があるとすれば、読み手の方が実際にカードの言っていることを読むのではなく、自分が起こって欲しいことをカードに投影してしまった場合である。

　従って、タロットを読む最良の方法は、ただそれを読むということだ。

今日のカード

　タロットを学ぶ簡単な方法は、これから始まる1日について

カードを1枚選んでみることだ。初心者の場合は、小アルカナから分けられた大アルカナを使って、その22枚のカードだけをシャッフルする方がうまくいくこともある。

　シャッフルしながら（手の中でカードを混ぜてもいいし、テーブルの上で裏向きにしたカードを回して混ぜた後で1つに集めてもいい）、今日自分に起こる最も良いことは何なのかを考えてみる。何でも好きなことを想像していいが、シャッフルしているときは、その目的に焦点を合わせること。テーブルの上に裏向きで束にして、一度カットし、正面にカードを一列に広げ（あるいは、カードを全部持てるなら手に持ったまま広げ）、1枚を選ぶ。

　それを表向きに置き、与えられたものを解釈する。その日一日、カードの象徴的な意味との関連や一致することを発見し、驚くことになるかもしれない。

　一日を見るためのカードの使い方を練習したら、次に紹介するような簡単なスプレッドを試してみてほしい。さらにスプレッドの中のカードを解釈することに慣れたら、自分自身のスプレッドを考案する、あるいはデックに付属する多くの白い小冊子が勧めている他のスプレッドへと進んでもいい。

　次ページからのそれぞれのスプレッドには、簡潔なリーディング例を付与してある。

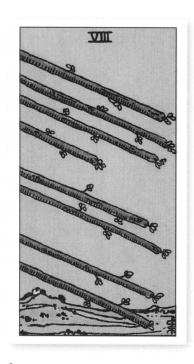

1.

2.

3.

Spread 1: What is going on in my life?

スプレッド1：私の人生に何が起こっているのか？

この配置では、1.の「今のあなた」が自分の現状を表し、2.の妨害のカードが進行を妨げているものが何かを思い出させ、最後のカードが進路にある障害を解決するために取るべきことが何かを告げている。

1. 今のあなた

「ワンドの8」── 優先順位を整理し、自分が何を望んでいるのかを明らかにする必要がある。

2. 何が私を妨げているか？

「ペンタクルの2」── ばかげた考えをあれこれ思い巡らすことをやめる必要がある。

3. 取るべき行動

「教皇」── 自分が何を求めているかを真剣に熟考し、客観的で適切な助言に耳を傾けなければならない。

1.

2.

3.

4.

INTRODUCTION

Spread 2: How do I make the right choice?

スプレッド 2：どうすれば正しい選択ができるのか？

このスプレッドには、「今のあなた」のカード、良い影響と悪い影響を表すカードが1枚ずつ含まれている。これは今のあなたの人生の中で何が有益で、正しい決断をするために何が必要かを明らかにする助けとなる。

1. 今のあなた

「節制」── いつも妥協し、自分のための選択を他人に任せている。

2. 悪い影響

「ワンドのクイーン」── 私の最良の利益を本心では望んでいない傲慢な女性の姿。

3. 良い影響

「戦車」── ばかげたことを許さない意欲的な友人や同僚。

4. 決断の方法

「ワンドのエース」── 自身の構想を使って創造力を発揮し、自身の創案から離れない。

1.

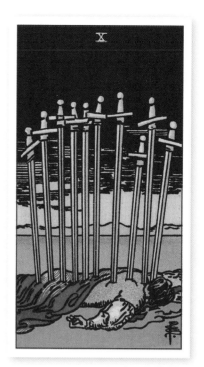

2.

3.

4.

5.

INTRODUCTION

Spread 3: How do I find love?

スプレッド3：どうすれば愛が見つかるのか?

新しい愛を見つけるための手助けとなる少し長めのスプレッド。「今のあなた」のカード、障害のカード、結果のカードが含まれている。

1. 今のあなた

「ソードの2」—— 壁を作り、人を自分に近づけないようにしている。

2. 愛を見つけることを妨げているものは何か?

「ソードの10」—— 誰もが自分に敵対していると考えている。

3. 今求めている恋人のタイプ

「太陽」—— 楽しいことが大好きで、陽気で、自由奔放な人。

4. 表現しなければならないことは何か

「ペンタクルの10」——人生の素晴らしさを味わっていることを表現する。

5. 自分の人生に訪れる愛の種類

「運命の車輪」—— すでに愛し、失ったことがあり、相手が心を開き素直であれば、試してみようと思っている人。

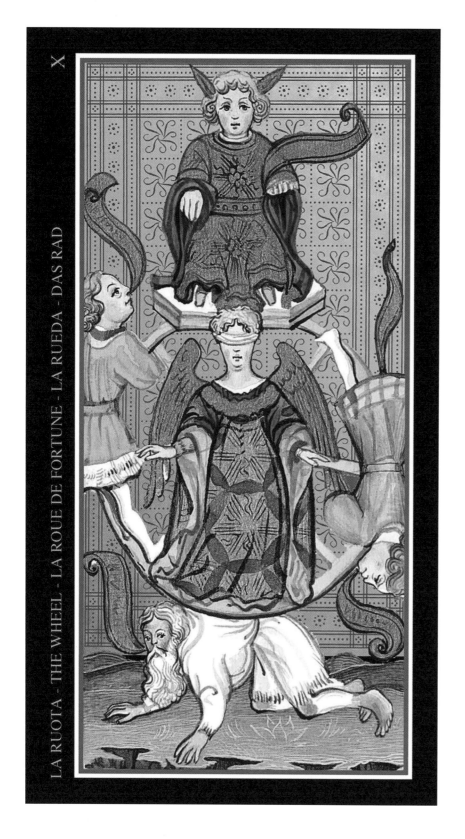

LA RUOTA · THE WHEEL · LA ROUE DE FORTUNE · LA RUEDA · DAS RAD

◀ 『ヴィスコンティ＝スフォル
ツァ』の「運命の車輪」(p.36)

INTRODUCTION

The History of Tarot

タロットの歴史

それはどこで始まったのか？過去、非常に多くの説が提唱されてきた。今日のタロットの専門家たちも、ほこりをかぶった研究書や美術品のコレクションを掘り起こし、隠された秘密を発見するための手掛かり、そしてさらに古い時代と結びつけるものが存在するかどうかの手掛かりも探っている。ここではタロットを年代順の流れに収めるため、その歴史と発展について簡単に紹介しておきたい。

ルネサンス

おそらく15世紀半ば（あるいは一部の学者が言うにはもう少し早く）、イタリア・ルネサンス期にあった初期のプレイング・カードからタロット・デックが発展したということについては、ほとんどの学者たちが同意している。より詳しい情報は、『ヴィスコンティ＝スフォルツァ』（p.36）や他の初期のイタリアのデックの項を読んでいただきたい。

敵対する貴族たちもいる危険で華麗な宮廷は、トリオンフィ（トランプ）として知られる賭けで行われるカード・ゲームの流行を生み出すにはふさわしい場所だった。最も初期のカードは手描きで作られていた。富裕なパトロンや貴族たちは、たとえ新たな印刷技術が到来したとしても、変わらず自分たちのプライベート・デックを注文し、費用を抑えることなく金箔を貼った。これらは愛の証や家族間の祝いの贈答品としても送られていた。トランプ・カードは寓意的なモチーフや家族の重要な人物の肖像画が描かれることもあり、むしろ一揃いの細密画のようでもあった。こうした技法は、手書きの書物や14世紀末のヴィスコンティ家の『時祷書』のような中世の彩色写本の装飾で既に使用されていた。

人文主義者の哲学やオカルトの復活に魅了されることに関しては、カードがもっとオカルト的な目的で使用されていた可能性があったとしても、主戦論者の貴族たちですら慎重にならざるを得なかった。錬金術やヘルメス魔術に首を突っ込むことは、教会から異端であるとみなされたからだ。そのため、疑う余地のないオカルト的なタロットの使用は、18世紀の「理性の時代」になるまで明るみに出てくることはなかった。

理性の時代

18世紀の科学革命と啓蒙主義とともに、ヨーロッパは、伝統的な考え――特に教会のドグマ――に異議を申し立てる新たな哲学に沸き返った。依然としてウィッチクラフト（魔女的な行いや技術）は異端だったが、新しい霊的思想やオカルト的な秘密結社は容認されていた。1781年、フリーメイソン会員で言語学者アントワーヌ・クール・ド・ジェブランというフランス人が、タロットはエジプトの叡智の神「トート」という名前に由来していると主張し、「人生の王道」という意味を持つヒエログリフと関連づけさせた。また、大アルカナの元になったのは、焼け落ちた神殿の廃墟から救い出された、神秘の叡智が記されていた一揃いの古代の石版だともジェブランは考えた。彼が言うには、この『トートの書』には、ヒエログリフと数を通してあらゆる神々と接触することができる秘密の言語が略述されていた。

エジプトの研究によると7は強力な神秘の数であるということから、ジェブランは自身のタロットのフォーマットを発展させた。彼は大アルカナを7枚のカード×3に加えて「愚者」から構成されるものとし、小アルカナの4つのスートの各々は7枚のカード×2で構成されるものとみなした。数年後、偶然か計算づくか、いずれにせよ、エティヤという名で知られるフランスのオカルティストが、タロットと占星術の間の対応に関する独自の考えを公表し、もっぱら占いを目的とした初のデックを作り出した（p.50）。

ゴールデン・ドーン

19世紀にはタロットへと再び注目が集まった。フランスのカバリストで哲学者のエリファス・レヴィ（1810-75）は、ヘブライ語のアルファベットの神秘的な数との対応にタロットの起源があると考えた。一方、海峡の反対側のイギリスでは、「ハーメティック・オーダー・オブ・ザ・ゴールデン・ドーン」の設立メンバーたちがタロットへ深い関心を持ち、その起源や魔術的な力に関

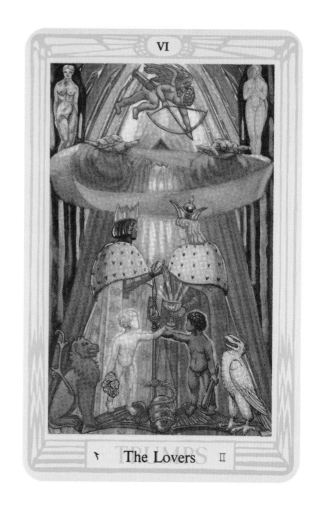

する新たな秘教的理論を構築した。

　ゴールデン・ドーンの設立メンバーの一人であるアーサー・エド
ワード・ウェイト（訳注[1]）は、同結社の参入者で画家のパメラ・
コールマン・スミスとともに、小アルカナのカードに象徴的な絵
を含めた最初のデック（錬金術的な『ソラ・ブスカ・タロット』
を例外とする最初のデック。p.164）となるタロットを製作した。
現在知られているように、この『ライダー＝ウェイト＝スミス』は、
全てのデックの中で最も愛され、最も頻繁に使用され、最もア
イコニックなタロットとなった（p.56）。

クロウリーから現在へ

　イギリスのオカルティスト、アレイスター・クロウリーもゴールデ
ン・ドーンの元メンバーであり、また1930年代に『トート・タロッ
ト』と呼ばれる独自のデックを考案した（p.64）（訳注[2]）。クロ
ウリーはタロットが本質的に知的なものであり、各自の内側にあ
る元型的な世界への鍵になると考えた。このことは、タロットが
単なるオカルト的なツールを越えて、心理学的なツールにもな
りえることを意味していた。

　現在、タロットはセルフヘルプ、人生の方向性の選択、瞑
想、その他多くのスピリチュアルなヒーリングのためにも使用さ
れ、その神秘的な力で私たちを魅了し続けている。だが、タ
ロットは単に占いやカードの解釈との関連においてだけでなく、
それ自体において、自分という存在の全てを象徴していることが
何よりも重要なのかもしれない。

◀ 『ソラ・ブスカ・タロット』の16番のトランプ「オリヴォ」(p.164)

◀ 『クロウリー・トート・タロット』の「恋人」(p.64頁)

1 ここでは「設立メンバーの一人」と書かれているが、実際のところウェイトは設立メンバーではない。ゴールデン・ドーンの設立は1888年で、ウェイトが加入したのは1891年である。

2 実際に製作が行われたのは1938年から1943年の間。

▶ 『タロット・オブ・ザ・ホーリー・ライト』の「ディスクの4」(p.194)

4 of Disks   11-20° ♉ ruled by ☿

Influential Decks

第1章　影響力を持つデック

ここで見ていくのは、突出して優れていて、影響力のあったデックの背景にある物語である。これらのデックは、後に作られたほとんど全てのタロットの先例を作ることになった。本章では、これまでのタロットの歴史の中で最も影響力があったタロット・デックを紹介したい。

イタリアのアート

　ルネサンス期、貴族や貴婦人や悪漢たちに人気のカード・ゲームに使用されることを目的として、タロットが、ひとまとまりの細密画の集成として初めて現れたとき、そこには当時の世界の新たな見方が映し出されていた。天空や星々はもはや私たちを取り巻くものではなく、それらは私たちの一部になっていた。そして、宇宙は個人自身の内にあるのだという認識を、古代の思想が再び目覚めさせていた。当時のタロットが、そこに保持された秘教的な思想を、金色の美しい絵を介して伝達するための精妙な方法だったのか、あるいは単なるルネサンスの奇想だったのか、そのどちらであったにせよ、それはその後に続いていくタロットの遺産の先例を作ることになった。ここで『ヴィスコンティ＝スフォルツァ』のデックの物語を、ある程度詳しく述べておきたいのは、それがその遺産をまさに体現したものであったからであり、また今もなおそうだからだ。

　『ヴィスコンティ＝スフォルツァ』(p.36) は単に先例を作っただけではなかった。それは堕落、陰謀、権力欲が心の内奥に潜むと同時に、魔術的啓示の探求が行われていたルネサンス期という時代を反映していた。虚飾、古典的アレゴリー、冷酷な一族、彼らの権力争いが、深遠なギリシャ哲学や人文主義の台頭と競い合っていた。それがこの細密画の集成、それ自体の中でルネサンス期を真に展覧している彩色された文書、すなわちタロットとなったのだ。

フランスとイギリスの技巧

　これらのイタリアの美術作品は、生産量では追いつけない数を流通させたマルセイユの印刷業のカードメーカーたちによって、すぐに凌駕されてしまった。このマルセイユ・スタイルのデックの普及によりヨーロッパ中でカード・ゲームができるようになった。しかし、このマルセイユ・スタイルのデックも、タロットの占い面に新たな市場を見出した抜け目ないフランス人によって打ち負かされてしまう。18世紀末の啓蒙時代のフランスを縮図的に示すオカルティストのエテイヤは、自身のアイデアを大衆向けに商品化し、ビジネスの時流に素早く飛び乗った。

　19世紀末には、すでにエテイヤのタロットのような「占い」カードが、応接室の娯楽を求める人にも、また深い洞察力を持った秘教思想家にも人気だった。今日私たちが知っている最もアイコン的なタロット ――『ライダー＝ウェイト＝スミス』(しばしば『RWS』デックと呼ばれている。p.56) ―― は、折衷的な神秘主義を背景とするイギリスのオカルティストと、想像力に富んだ舞台デザイナーによって生み出された。さらに1930年代後半には、上流階級の画家であるレディ・フリーダ・ハリスが、オカルト界の無法者アレイスター・クロウリーを説得して、神秘的なアート作品を共同制作した ―― このデックは、2人が亡くなってから30年近く経つまで出版されなかった (p.64)。

Visconti-Sforza

ヴィスコンティ=スフォルツア

最も初期の、最も完全な、印象的で謎めいた手描きのデック。

クリエイター：ヴィスコンティ=スフォルツア家による
委託、1450年頃
イラストレーター：ボニファチオ・ベンボ（その他）
発行：USゲームス、1991年

最も初期の、最も美しく魅力的なタロット・デックの一つである『ヴィスコンティ=スフォルツア』は、非常に多くのことを教えてくれる。この上なく見事に描かれた細密画の中には、二つの支配的な家族の悲運や幸運だけでなく、より深いところで作用する何かが織り込まれている。

複数のバージョンがある『ヴィスコンティ=スフォルツア』が出始めたのは15世紀前半に遡る。ここで解説する『ピアポント=モルガン・デック』は、それらの中でも最も「完全に近い」デックであり、ビアンカ・ヴィスコンティとフランチェスコ・スフォルツアがミラノ侯爵領を引き継いだ1450年頃に製作されたと考えられている。

56枚のピップ・カードと22枚のトランプ・カード（大アルカナ）を構成する現存する一部のカードは、世界各地のさまざまな美術館や個人のコレクションとして保存されている。元々のカードのうちの4枚——「悪魔」、「塔」、「金貨のナイト」、「剣の3」——の4枚は、紛失したか、あるいは破損したと考えられている。そのため、デックを完全なものにするため、その代用となるカードが、これまでも何度かデザインされている。

ルネッサンス期の秘教的な精神

元々このデックは、贈答用、あるいは富や権力の象徴として、あるいは流行のカード・ゲームの豪華なバージョンとして発注されたものであった。そのため、多くの専門家はそこに秘教や占いとの関係など一切ないとみなしている。また、ほとんどの美術史家は、トランプ・カードが個性的なのは、単にそこに家系の紋章や当時良く知られていた寓意的な象徴がつけられたからに過ぎないとも考えている。そうした一方で、トランプ・カードが秘教的な真理への隠された手がかりを運んでいるに違いないと信じている一部のタロットの専門家もいる。

ルネサンス期の15世紀イタリアでは、都市国家にいる裕福な家系の人々の間で、古典美術、神話的な象徴、古代の哲学は人気があった。当時人気だったカード・ゲームの「トリオンフィ」という名前も、古代ローマで行われていたカーニバルのような雰囲気のパレードを受け継ぎ、侯爵領の栄光を宣伝するために行われていた「凱旋」の行列に由来するようだ。イタリア各地の他の裕福な家族たちによって発注された、いくつかの異なる手描きのデック（『ゴールデン・タロット・オブ・ルネサンス』、p.104）も存在するが、これらのデックのトランプ・

IL SOLE - THE SUN - LE SOLEIL - EL SOL - DIE SONNE

▶ 「太陽」

作者不詳（ルネサンス期の
細密画家アントニオ・チコニャ
ロにしばしば帰されている）。
たくましいケルビムが暗雲に
乗り、鮮やかな太陽（アポ
ロの頭）を天からつかみ取っ
ている。太陽の魔術ないし
はアポロの神の力を使えば、
富や栄光を求めてやまない
支配者へとそれらが授けられ
ると信じられていた。

VISCONTI-SFORZA

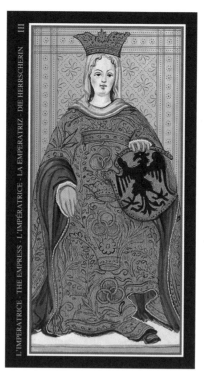

◀ 「審判」

◀ 「女帝」

カードには、ある種の階層構造の中で古代の神々やキリスト教の美徳などが描かれているものもあり、『ヴィスコンティ＝スフォルツア』のカードとはかなりの違いがある。

　ルネサンス期、タロットは単に懐古的な寓話だけでなく、復活した秘教思想を沸騰させる温床でもあった。15世紀の哲学者で人文主義者のゲミストス・プレトンの著作のおかげで、古代ギリシャの哲学者プラトンは、その時代の知的中心に位置する人物となった。富裕なフィレンツェの君主コジモ・デ・メディチは、プレトンの学説に触発され、1462年には占星術師で博識の学者マルシリオ・フィチーノにプラトンの全著作を翻訳するよう委託した（訳注[3]）。

　第三代ミラノ公のフィリッポ・ヴィスコンティから1420年代にカード制作の依頼を受けた画家のボニファチオ・ベンボもプレトンの熱心な信奉者だった。ビアンカとフランチェスコのための1450年のデックの大部分を描いたのもベンボだった。ヨーロッパの宮廷には、プレトンの新プラトン主義の教えとともに、ヘルメス主義という秘められた知識の新たな波も広まっていた。魔術は異端ぎりぎりの所で揺れていた。だが、この人文主義思想の波は、たとえ危険なものであったとしても、公爵領の「知

的エリート」へと浸透していった。彼らの図書室は、占星術やその他の秘教的な術についての貴重な文書や書物で満たされることになった。

　イタリアには占星術や魔術の豊かな伝統があったとはいえ、それでもこれらの思想のほとんどは、ウィッチクラフトとの密接なかかわりのため、地下に隠され続けた。だが一方で、星々による予言は一般的な慣習だった。そして占星術師たちは、権力者たちに出産、戦争、結婚に好ましい時期を教え、毒殺者たちから逃れられるかtする公の助言者となっていた。

訓話としてのタロット

　ビアンカ・ヴィスコンティの冷酷な父フィリッポは、深く迷信に囚われていたようだ。フィリッポの伝記作家で占星術にも関心があったデセンブリオは、引きこもりがちで反社会的な性格のミラノ公が、どれほど暗闇や鳥の鳴き声や雷を恐れていたかを詳述している。興味深いのは、落雷を受け崩壊ないしは破壊された燃える建物が通常は描かれている「塔」のカードが、ヴィスコンティ家のタロットでは紛失したか、あるいは破棄されたかのいずれかになっているということだ。

3 1462年はフィチーノがコジモ・デ・メディチからプラトン・アカデミーというサークルを作っていく際の責任者となる依頼を受けた年である。1463年にフィチーノはコジモから『ヘルメス文書』（プラトン全集ではなく）の翻訳を依頼されている。フィチーノがプラトン全集の翻訳に従事し始めるのは1469年頃からである。

▶「世界」

▶「節制」

▶「金貨の騎士」

▶「剣のエース」

13世紀から14世紀の間、ヴィスコンティ家の強力なライバルだったデッラ・トッレ家の紋章には、塔が、燃え上がる炎とともに描かれていた。「塔」のカードには、その後のデッラ・トッレ家の没落の仄めかしが込められていたのかもしれない。

だが、もしそうだとしたら、迷信深い公爵とその後継者のスフォルツアの前に「塔」のカードが置かれた場合も、災いの重大な前兆を表すものとみなされていたのだろうか? フィリッポはカード・ゲームをただ楽しんでいたようだが、トリオンフィのデックをより重大な用途に使うのを好んでいたとも言われている。このことが意味するのは、彼がそれをより世俗的ではない啓発的なゲームのために使っていたということなのだろうか? 1412年にフィリッポは権力を掌握し、第三代ミラノ公となった。その後、彼は自分の二倍の年齢だった妻ベアトリーチェを殺害しようと企み(彼女の遺産目的で)、最終的に姦通罪をでっち上げて断首の刑に処したと言われている。ここから思い浮かぶのはトランプ・カードの「審判」である。墓の中から、神の贖いを求める人々の顔が上を向いている。第三の顔が二人の間に現れているが、これは免罪を求めるフィリッポを示唆しているのかもしれない。

また、スフォルツアも天空に定められた兆候や前触れに執着していた。1450年にミラノ公になると、ビアンカの占星術を気にする習慣やそれと同伴する迷信的な心性に影響され、スフォルツアも毎日のように占星術師たちに相談し、彼の後継者たちと同様、生涯、彼らのことを断固として信じるようになってしまった。もしかすると高価な細密画であるカードも「兆候」とみなされたのかもしれない。家族の歴史を絵にした訓話として、カードは恐れを呼び起こすこともあれば、いかに行動すべきか、あるいはどう決断を下すべきかについて、賢明にも思い出させる役割を果たしていた可能性もある。同時に、もしかするとカードは、秘教思想の本質の断片を提示していたのかもしれない。そして、そのような思想を内密にしておくことができる権力を持った人々の、文字通り「手の中で」、それらが「都合のいいように使われていた」のかもしれない。

新たな家族のための新たな象徴

フランチェスコ・スフォルツアは、コンドッティエーレ、すなわち傭兵の家系の出身だった。「情けをかけることのない断固とした」彼の父親は、上官からスフォルツア(「強さ」を意味する)と名付けられた。1441年、フランチェスコは二倍も年下の非嫡出子のビアンカを自分に嫁がせ、両家の融合のために新たな紋章を採用した。例えば、ほとんどのカードの金色の背景の中に、その神々しい太陽光線のような紋章が見られる。

トリオンフィの標準のスートは、兵士を表す「剣」、貴族の「棒」、聖職者の「杯」、商人の「金貨」だった。コート・カードには、家紋、モチーフ、ヴィスコンティ家を仄めかす指標となるものが含まれていた。例えば、「女帝」の盾にはヴィスコンティ家が誇りとする鷲が見られ、また正服には一家の象徴であるダイヤモンドの指輪が織り込まれて描かれている。騎士たちの馬にも紋章があり、またコート・カードの人物のほとんどが、先祖代々のヴィスコンティ家の人々のように金髪で描かれている(黒髪のフィリッポは例外)。

また、ヴィスコンティ家の宮廷画家であるベンボと彼の工房からは、新プラトン主義的な思想が漏れ出てきた可能性もありえなくはない。トランプ(大アルカナ)には数が割り当てられていないが、「狂人」と呼ばれていた「愚者」は、甲状腺腫――この病気はヨウ素不足で起こり、内陸部で広まっていた――を患っている痩せこけた男が描かれている。だが、この「狂人」ないし「愚者」は、実のところ、究極の愚か者、神、あるいはプラトンのデミウルゴス(宇宙の創成に関与した存在)の偽装なのではないだろうか?

元型的な老人である「隠者」は、古代の神話や中世のキリスト教の象徴の至る所に多様な身なりで登場する。ここでは砂時計に目を向け、長い杖を持ち、サトゥルヌス及びクロノスや「時」の擬人化を表している。だが、彼の姿は、ベノッツオ・ゴッツオリの絵の中のプレトンの肖像画と奇妙にも類似性がある。実際のところ、ベンボが古代の真理を自身に教えた現存する新プラトン主義者の細密画を描くことで、自身の「師」をそれとなく仄めかしたということもありえるのではないだろうか?

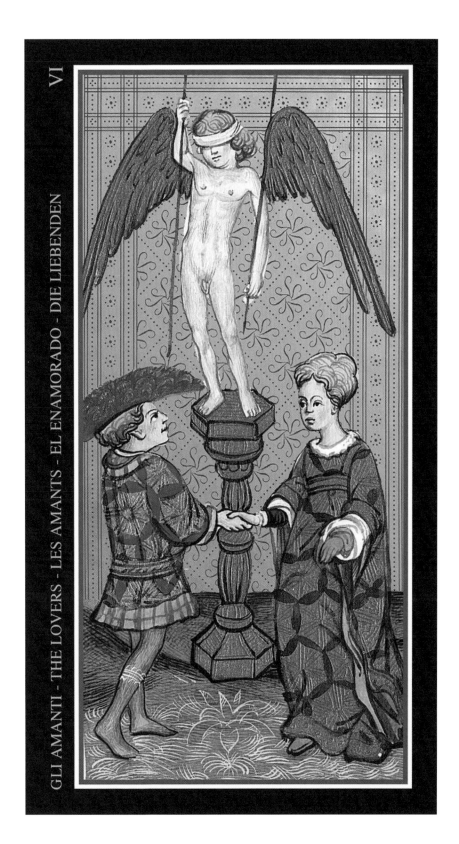

GLI AMANTI - THE LOVERS - LES AMANTS - EL ENAMORADO - DIE LIEBENDEN

▶ 「恋人」

このカードに描かれているのは、
ビアンカとフランチェスコの結婚で
あると信じている研究者もいる。
奇妙なのは、フランチェスコ・スフォ
ルツアを黒髪と言及している文献
と、この金髪の男性が一致しない
ことだ。あるいは、フィリッポ・ヴィ
スコンティとベアトリーチェとの結
婚だとしても、同様の点で一致し
ない。目隠しをされたクピドーは、
実際には愛がどれほど盲目である
か、また自身の選択が必ずしも自
身の真の願望を反映しているとは
限らないことを示している。

ヘルメスの帽子

トリックスターの元型である「魔術師」は、世界の神話の中でも最も古いものの一つである。ここでの彼は、テーブルの上にある魔術の道具と戯れている。彼の右手の下にある奇妙な形の帽子は、ギリシャ神話の中で魔術とも関連していた神ヘルメスが被っていた、つばの広い帽子と似ている。ヘルメスは奇術師でもあり、アイデアをやり取りし、不思議なものを生み出した。また、エジプトの神トートと同化され、ヘルメス思想の「三重に偉大なヘルメス」を想起させる古代のトリックスター神だった。

「高位の女司祭」にはビアンカの祖先のメイフレッダ・ダ・ピロヴァーノが描かれていると考える学者もいる。メイフレッダは修道女だったが、罪人を含む全ての人に救いを説いた神秘主義者グリエルマ・ラ・ボエマの信者だった。メイフレッダと彼女の信奉者アンドレア・サミタは、最終的に異端として火刑に処された。だが、この絵がプレトンの思想や新プラトン主義の思想に囲まれていたベンボの工房で描かれたとするならば、この「高位の女司祭」もプラトンの著作に出てくるディオティマを変装させたものだという可能性はないだろうか? もしディオティマであるならば、彼女は元型的な女性予言者であり、私たちの未来を占う人物だということになるのではないか?

1426年付けのフィリッポの蔵書目録には、ダイスを使った占いについての著書『ソルテス・タクシオルム（Sortes taxillorum）』も含め、錬金術、哲学、神話、「記憶術」などの膨大な書物が含まれていた。パヴィアのスフォルツア城の図書室にも、ジオマンシー（大地の無作為の形状やパターン、ないしは地面に投じられた石を解釈する占い）と関連するアルフォドルの『リベル・ルーディキオルム・エト・コンシリオルム（Liber iudiciorum et consiliorum）（自由な試みと審理）』という魔術書を含め、錬金術、占星術、予言、占いに関連する大量の書物があった。

占星術師、予見者、そして魔術やプラトン思想やヘルメス思想に囲まれていたエリート貴族たちの目の前のテーブルに置かれた細密画は、過去に人生がどのように展開されたかだけでなく、まさに今、目の前で人生がどのように展開されていくのかを知るための手段でもあった。これら家族の悲運や幸運を描いた絵が、自分たちの運命の周期的な性質だけでなく、タロットとは結局のところ何なのかという本質を明らかにした。ヴィスコンティ＝スフォルツア家が支配力を維持し、恐ろしい運命を避ける手段として、神の力や占星術の知識を信じていたとのだとすると、もしかしたらタロットは、そのための最も繊細で、最も巧妙で、最も内密にされていた手段であったのかもしれない。

▲ 「魔術師」

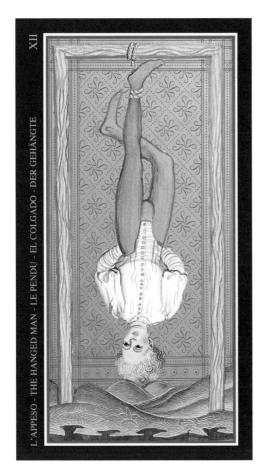

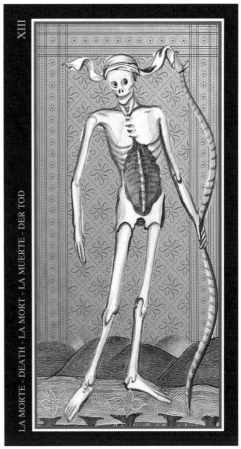

▲ 「吊るされた男」

「吊るされた男」は、スフォルツア自身の不名誉と栄光の象徴となっている。戦で征服に成功したにもかかわらず、教皇はスフォルツアの働きに報酬を支払うことを拒否した。即座にスフォルツアは敵に回った。怒った教皇は、スフォルツアが足から吊るされている絵を発注した。当時の公共の建物には、ピットゥーラ・インファマンテ、すなわち不名誉の絵と呼ばれた裏切り者や恩寵を失った人物を描いた絵が掲示されていた。

▲ 「死」

「死」のカードには、左手に弓、右手に矢を持った背の高い骸骨が描かれている。それは権力争いを続ける王朝の人々に、狩る側が狩られる側にもなりえることを思い出させた。もしかすると断崖は、異端という底知れぬ深淵に気をつけろという警告なのだろうか？断崖の縁は、「節制」、「月」、「星」、「太陽」にも描かれている。

Le Tarot de Marseille

マルセイユ・タロット

さまざまな形式やスタイルで幅広く出版されてきた『マルセイユ・タロット』は、
ヨーロッパ各地で占いやゲームのために今もなお使用されている。

クリエイター：ジャン・ノブレ、1650-60年
イラストレーター：ジャン・ノブレ
発行：エディション・ルタロー・ドットコム

『マルセイユ・タロット』は広く知られているように、15世紀から16世紀にかけての北イタリアのデックから広まっていったものだ。「マルセイユ・タロット（Tarot de Marseille）」という名称は、18世紀にマルセイユのニコラ・コンヴェルが製作した版を元にして作られたデックのために、フランスのカードメーカーのグリモーによって1930年代に名付けられた。その後、『マルセイユ・タロット』は、占いやゲームのためのタロット・デックの中で最も人気のあるスタイルの一つになった。

フランスのシャルル8世が1499年にミラノへと侵攻し、1535年までミラノはフランスの支配下に置かれることになった。その頃、ギャンブルのためのゲーム「タロッキ（tarrochi）」の人気は、瞬く間にフランス、ドイツ、スイスへと広がった。初期の色のついたデックは、木版とステンシルで製作されていたが、その後、印刷技術が発達するにつれて、新しい方法に取って代わられていった。1557年にリヨンのケイトラン・ジョフワが製作したものが、フランスで印刷された現存する最古の印刷されたデックである。

タロッキの流行

当時のマルセイユは港町として繁栄していただけでなく、利益の上がる紙や印刷業も盛んだったため、17世紀半ば頃までにはプレイング・カードとしてのタロッキ製造の一つの中心となった。イタリアのデックから大きな影響を受けた現存する最後のマルセイユ・デックは、ジャン・ノブレ（1650-50）によって作られたもので、その印象的な絵の表現は他より抜きんでている。ノブレのことはほとんど分かっていない。だが、彼は優れたカード製作者だったようだ。その絵は極めて素朴だが、カードのサイズは当時の他のデックと比べてかなり小さく、また題名ないしは表題がカードに含められたのは、これが初めてだった。大アルカナは他の標準的なデックの絵の革新的な修正によって構成され、初期のイタリアのデックと同じように秘教的な象徴的意味をもっていた可能性もある。

例えば、「手品師（Bateleur）」の帽子は、宇宙の終わりのない循環を表す無限大の象徴のような形状になっている。手にはドングリ（知識と成長の象徴）を持ち、彼の前には人気のギャンブルのゲームや占いで使われていた三つのダイスがある（ミラノ公の図書室にダイスの占いなどについての書物があったことを思い出してほしい）。

▲ 「世界」

INFLUENTIAL DECKS

▶「杯のペイジ」

　　　　　　　　　　LE TAROT DE MARSEILLE

LE F∙OV

◀ 「愚者」

► 「剣のエース」

新たな象徴

　「愚者（Le Fou）」はもはや病人や狂人ではなく、今や宮廷の芸人ないしは王の道化として描かれている。彼は自分の性器を猫（ないしはジャコウネコ）が引っ掻こうとしているのにも気づかず、先んじて前方を歩いている。紋章学における猫は警戒の象徴だった。一方、中世の民間伝承での（ウィッチクラフトと結びつけられる前の）猫は幸運と関連していた。とはいえ、この動物が何であれ、それは人間の快活な生きる喜びの中から何かを求めているようにも見える。ひょっとすると、この猫は人間の心の創造力の象徴なのではないだろうか？

　すでに「星」は初期の『ヴィスコンティ』の絵において、誠実、真実、天与の導きを表していた。ギリシャ神話では、真実が女神イリスの姿として描かれることも多かった。神々が固い誓いを立てなければならないときはいつも、彼女がステュクス川から水差しで水を運んできた。誓いを偽った神や女神は、罰として一年の間、昏睡状態にされた。美術作品の中では、伝令の杖、水差し、神々に与えるワインを入れる容器が、彼

女のお決まりの持ち物だった。

　「死」のカードが、「Le Mort（死の神）」として特定されたのは初めてだった。それまでは当時の文化的な迷信から、このカードは「名のないカード」と一般的に呼ばれていた。かつてニヤリとした顔の骸骨だったその絵は、今や死者の魂を刈り取る骸骨となり、終局のところ、人生そのものの最期や新たな始まりを暗に伝えるものとなった。

　ノブレのデックに加えて、『ジャック・ヴィエヴィル版』、『ジャン・ドーダル版』、『ニコラ・コンヴェル版』が、後の数々の『マルセイユ』のデック全ての源流になったと考えられている。フランスの陶芸家であり、画家であり、タロット史家のジャン＝クロード・フローノイ（1950 − 2011）は、1990年代にノブレのデックを彩色し、作り直した。このデックで使われた色は、錬金術や魔術のさまざまな性質と対応させられていて、赤は血、黒は大地、青は肉体と魂、緑は人間の希望などと結び付けて考えられている。

◄ 「手品師」

男性器のような指は、国税
への反抗のしぐさなのか、あ
るいはヘルメスの魔術をそれ
となくほのめかしているのか?

ノブレの魔法

　フローノイによると、ノブレの生家はカードの彫刻と印刷を家
業としていた。1650年頃、中央ヨーロッパでの三十年戦争が
終わった直後、ルイ14世が新たな課税を行ったが、その一つ
はゲーム用のカードの製造と関係していた。作られるデックの
数を管理するため、印刷された全てのシートを数え、それに応
じた税金が課せられた。そういうわけで、ノブレは自分の「手
品師」のカードに変更を加えた可能性もある。ここでの手品師
は、もはやお決まりの棒を手に持っていない。むしろ、ペニス
のように描かれている指は、ひょっとすると侮辱のしぐさなので
はないか? これは、国家の課税に対する潜行的な形でありな
がらも軽蔑的な態度、あるいはギリシャの神ヘルメスと彼の力
強い男性器への密かな言及なのだろうか? かつてヘルメスは、
「ヘルムス」と呼ばれた石柱に勃起したペニスとともに彫刻さ
れたり、描かれたりしていたこともあった。これらは幸運を授け
る石として、旅人が一人でいる場合の道中を安全に導いた。

同様に、「魔術師」も地上と天上の両方の力を使って、人生
を切り抜けて行けるよう人を導く。
　ノブレが「奇術師」を変更した本当の理由が何であれ、
1781年のアントワーヌ・クール・ド・ジェブランの著作『原始世
界』(p.52)の中では、このデックが解釈されることになり、
最も影響力のあるバージョンの一つとなった。そして、後のタ
ロット・デックのひな型を設定することにもなった。
　『マルセイユ』のデックは、2つのレベルで広く普及していっ
た。一つは、単純なカード・ゲーム、すなわちヨーロッパ中で行
われていたタロットないしタロッキとして。もう一つは、タロットの
占い的な面として。18世紀にオカルトへの関心が高まったこと
に加えて、オカルティストかつ言語学者でフリーメイソン会員の
クール・ド・ジェブランとエテイヤと名乗る無名のフランス人、こ
の二人の人物の影響力によって、後者の占い的な面も大衆化
していくことになった。

ROYNE·DECOVPES

LESTOILLE

▶ 「杯のクイーン」

思いやり、ないしは育
てていく力を意味する

▶ 「星」

手の届くところにある
到達可能な目標

▶ 「吊るされた男」

新たな視点から人生
を眺めるとき

▶ 「月」

占星術や神話を参照
することで、暗い水た
まりからザリガニが這
い出してくる月の風景
へと変更された。

LE·PENDV.

LA·LVNE

The Book of Thoth Etteilla Tarot

ブック・オブ・トート・エテイヤ・タロット・デック

初の占い専用デック

クリエイター：ジャン=バプティスタ・アリエット、
1788年
イラストレーター：不明（もしかするとエテイヤ）
発行：ロ・スカラベオ、2012年

『グラン・エテイヤ』と呼ばれるエテイヤの最初のタロット・デックは、18世紀末以降のタロット使用の先駆けとなった。それは占いに特化した最初のデックだった。そして、ほぼ19世紀を通じて、さまざまな形式で出版され続けることになった。いくつかのバージョン（最も古いものは1788年）を経て、最終的に1870年、『ロ・スカラベオ・ブック・オブ・トート・エテイヤ・タロット』が出版された。このアイコン的なデックは、『貴婦人たちの偉大なオラクルゲーム（*Grand Jeu de l'Oracle des Dames*）』とも呼ばれたが、以前の版から大きく外れることなく、本質的に同じ核心にある考え方を伝えている。

18世紀末まで、ほとんどのデックは『マルセイユ・タロット』（p.44）を元にしていた。そのため、少なくとも一般大衆には、単なるプレイング・カードだと思われていた（たとえオカルトのエリートたちが、そこに秘められた象徴が含まれていると感じていたとしても）が、エテイヤの一連の急進的な出版物は、タロットを新たな段階へと昇進させ、普通の人々でも運や不運を知ることができるようになった。

エテイヤの実像はほとんど分かっていない。また同様に、伝記的な資料もほとんど見つかっていない。だが、エテイヤ（1738年頃に生まれ、1791年に亡くなったジャン=バプティスタ・アリエットの筆名）のプレイング・カードを使った占いの方法に関する本『カードのデックを使って楽しむ方法（*Ou manière de se récréer avec un jeu de cartes*）』は、1770年に出版されたようだ。その後、1785年に『タロットと呼ばれるカードのデックを使って楽しむ方法（*Manière de se récréer avec le jeu de cartes nomées Tarots*）』が出版された。古代エジプトの神秘主義やカバラに依拠し、そこにさまざまな創造神話を組み合わせ、彼は大アルカナの順番や数の割り当てを変更しただけでなく、小アルカナを含む全てのカードのための鍵となる語も導入した。

大アルカナの最初の7枚のトランプは、元型的な創造神話に相当する。残りのカードは人間のさまざまな階層の状態と人間の宇宙との関係で構成されている。また、エテイヤは特定のカードには獣帯の星座と四元素も割り当てた。しかしながら、彼が行った占星術の属性と、カードの間の無作為で混乱した関連付けは、後のタロットの専門家たちからは無視された。1778年、学問的な知識にほとんど裏付けされることなく、機知と商才だけを頼りに、彼のデック『グラン・

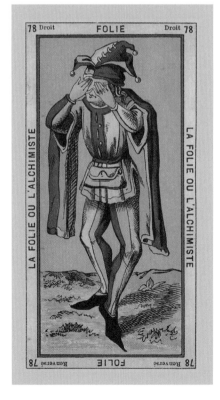

► 「男と四足獣」

► 「悪魔」

► 「ワンドのペイジ」

► 「錬金術師の狂気」

THE BOOK OF THOTH ETTEILLA TAROT

創造神話のトランプの最後の
カードは、多くの神話的な鳥
や飛び跳ねる魚のいる静寂
の光景が描かれている。カード
の正位置の意味として「支
え」を意味するappuiと記
されているが、このことはたく
さんの鳥を支えている木に
よって象徴されているのかも
しれない。一方、逆位置の
場合の占い上の意味は「保
護」になっている。

エテイヤ（*Grand Etteilla*）』がついに出版されることになった。

ジェブランの影響

　タロットが古代エジプトに起源があるというエテイヤの説は、1781年のクール・ド・ジェブランとメレ伯爵の『原始世界』に影響されたのか、あるいは彼自身が考えたものなのか？（ジェブランの著作の中でメレは、タロットの21枚のトランプ及び「愚者」とヘブライ語の22のアルファベットの間には神秘的なつながりがあることを追加の論として執筆している）。

　1781年、メレ伯爵と聖職者でオカルティストのクール・ド・ジェブランは、その本の中で、タロットとは神トートによって高位の弟子たちへ開示された宇宙の秘密であり、書記官たちによって黄金の板に刻まれた古代エジプトの叡智の書物だったと主張した。エテイヤの方は、自分はクール・ド・ジェブランから影響を受けたわけではなく、彼の著作よりもずっと前の1757年から研究をしていたと断言している。だが、実際のところ、カード占いの方法を公表した小論も含め、エテイヤがジェブランの本を読んで影響を受けたのは間違いないとほとんどの専門家たちは考えている。

　エテイヤの説によると、エジプトの元々の書物は、メンフィスの神殿でトートから秘密の知識を啓示された17人の司祭たちにより作られた。ジェブランと同様、このエテイヤの主張にも証拠となるものは何もない。また、ジェブラン同様、おそらく広く行き渡っていた「啓蒙思想」の雰囲気とエジプト的なものへの魅惑に巻き込まれながら、エテイヤはうまく時流に乗り、より知的な人々の頭の中で沸き立っていたアイデアを大衆化したのだろう。だが、こうした状況下での彼のタロットについての着想は、未来の大きなビジネスの元になっていった。

▶ 「混沌」

一番目のトランプの「混沌」が男性の質問者を、8番目の「休息」が女性の質問者を表す。

▶ 「剣の2」

現代のデックにおける「剣の2」は、通常、対立と解釈されるが、ここでは交際と友情を意味している。

▶ 「金貨のペイジ」

金銭上の好機を示す。

▶ 審判

人生の中の重要な段階。

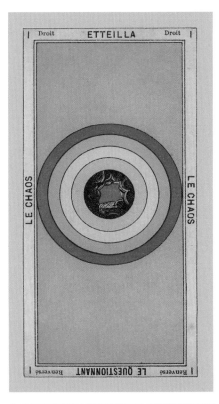

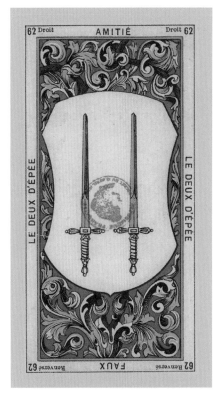

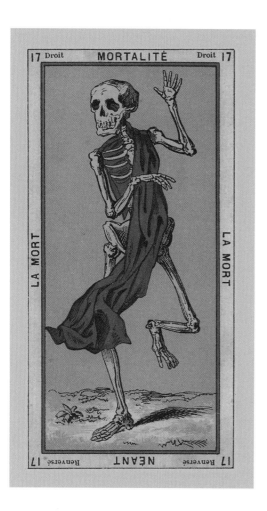

このカードの逆位置の意味は、「無」ないしは「無意味」を意味するnéantという表題になっている。正位置のmortalitéは、自身の避けられない死を自覚することでの葛藤、生と死について考えることを暗示している。同様に、骸骨も赤いショールを身に着け、生き生きと踊っているが、もはや生きてはいない。

自称霊能力者

　エテイヤの生い立ちについては、ほとんど分かっていない。カード・リーディングの知識は、どうやらイタリアの友人から教わったようだが、彼がそれ以前から研究していた可能性もなくはない。あるいは、パリの煙草の煙が満ちたバーで、ダイスを使った占いやカード占いのような伝統的ないくつかの方法を見かけていた可能性もある。いずれにせよ、種子や印刷物を販売する元商人だったエテイヤのタロット本は大当たりとなった。そして、彼は自身の職業を、占星術師、夢占い師、数秘術師、総合的な霊能の分野の専門家へと変えることになった。

　エテイヤは新たな職業で、かなりの金額を稼いだ――1回の簡潔なリーディングは3リーヴル、あらゆる危険から相談者を守るための魔除けは15ルイという相当な金額だった。当時、カード製作者の一日の収入は20スー以下だった（1リーヴルは20～25スーで、24リーヴルは1ルイ）。ペテン師なのか、熱心なオカルティストなのか、単に抜け目ない商売人なのか。そのいずれであったとしても、エテイヤは19世紀初頭のエジプト的なもの万事に対するやむことのない熱中状態――特に1799年のロゼッタ・ストーンの発見後に大きくなる――へ大衆の目を向けさせただけでなく、さらに重要なことに、彼はカード占いとタロット・リーディングの方法を世に広めた。また、彼はリーディングに合わせて選択可能な複数のスプレッドを明示し、カードに助言を求める方法を解説し、結果として不適切なものだったにせよ、タロットと占星術の象徴の間の最初の分かりやすい対応の一つを考案した。

▶ 「光」

「光」は太陽や創造の最初
の日と対応する。だが、奇妙
なことにエテイヤの考えでは、
それが牡牛座と「火」の元
素と関連させられている（牡
牛座は伝統的に「土」のサ
インであり、「火」のサイン
ではない）。

Rider-Waite-Smith

ライダー=ウェイト=スミス

アート、占い、秘教思想の人を惹きつけずにはおかない完璧な融合。

クリエイター：A.E.ウェイト、1910年
イラストレーター：パメラ・コールマン・スミス
発行：USゲームズ、1971年

『ライダー=ウェイト=スミス』のデックは、1910年の出版以来、ほとんどのタロット・デックの先例を作り、20世紀以降のタロットの元型的な意味と占い上の意味を統合した。
このデックは、ハーメティック・オーダー・オブ・ザ・ゴールデン・ドーンの熱意あるメンバーだったアーサー・エドワード・ウェイトによって考案され、元々はライダー社から出版された。今日では、画家のパメラ・コールマン・スミスの美術的な面での貢献を明らかにするため、『ライダー=ウェイト=スミス』ないしは『RWS』と一般的に呼ばれている。

秘教思想の再興

　19世紀のヨーロッパでは、タロットが占いの道具として一般的になっていった。さまざまなオカルトの流派が秘教的叡智を分岐させ、フリーメイソン、カバラ神秘主義、占星術、超自然的なサイキズムやスピリチュアリズムなどを台頭させることになった。イギリスでは、ブラヴァツキー夫人の革新的な神智学協会が、フリーメイソンや薔薇十字主義の分派を先導する役割を担った。また、沸き立つロンドンでも、エジプト神話、占星術、エノク魔術、錬金術、タロット、カバラを統合した新たな結社、ハーメティック・オーダー・オブ・ザ・ゴールデン・ドーンが誕生することになった。その初期の教義は、古代の謎めいた著作物のようにも見える「暗号文書」として知られる資料に基づいていた。それは異教や古代ギリシャ=ローマ以前（まだ当時はタロットの歴史が古代エジプトと結びつけられていた）へと遡る話に満ち溢れていたものの、実際のところ、それを考案したのは（A・E・ウェイトによると）ゴールデン・ドーン自体のメンバーであり、フリーメイソン会員であり、『ロイヤル・メイソニック・サイクロペディア（ *Royal Masonic Cyclopaedia* ）』（1877）の著者ケネス・マッケンジー（1833-86）だった（**訳注[4]**）。

　ゴールデン・ドーンの創設者となった医師（**訳注[5]**）でオカルティストのウィリアム・ウィン・ウェストコットと、ケルト復興運動家で薔薇十字会員だったS・L・マザースは、以前から大アルカナの順序と属性に関する独自の見解を提言していた。これもゴールデン・ドーンの知識の中に統合された。参入者たちは、それを元にしながら未来を予見するためにタロットを使い、さらに重要なことには未来をも操作した。そうした方法は内密に隠されていたが、修正論者だったメンバーのアーサー・エドワード・ウェイトは、ゴールデン・ドーンのタロットの考え方を

4 ケネス・マッケンジーがゴールデン・ドーンのメンバーであるというのは、原著の誤り。ゴールデン・ドーンの設立は1888年で、マッケンジーは1886年に亡くなっている。

5 厳密に言うと、ウェストコットは検視官だった。

▶「太陽」

ウェイトは「太陽」のカードを双子座に対応させた。そして、この獣帯の星座の、適応力があり、遊び好きで、屈託のない精神を、馬に跨っている陽気な子供として表現した。

RIDER-WAITE-SMITH

THE HIGH PRIESTESS

QUEEN of WANDS.

THE FOOL.

THE WORLD.

◀ 「高位の女司祭」

◀ 「ワンドのクイーン」

◀ 「愚者」

◀ 「世界」

翻案することへと踏み出した。そして、それこそが最も現代的な解釈の基礎を作り出すことになった。謎めいた不可解な人物アレイスター・クロウリー（p.64）や詩人で作家のW.B.イェイツも、元々のゴールデン・ドーンの参入者だった。また、画家のパメラ・コールマン・スミスは、イェイツを通じてウェイトと知り合うことになった。

A.E.ウェイト

アーサー・エドワード・ウェイトは、1857年ニューヨークで生まれたが、未亡人となった母親によってイギリスで育てられた。1891年に99番目（これは彼にとって重要な数だったのかもしれない）の参入者としてハーメティック・オーダー・オブ・ザ・ゴールデン・ドーンに加入した。だが、ゴールデン・ドーンは分裂が始まり、ウェイトは神秘主義的な分派を形成することになった ── その高位の参入者たちは、オカルトの実践よりも霊的啓蒙の方に関心があった。1909年、クロウリーがゴールデン・ドーン内の秘匿されていた知識を暴露していた頃、ウェイトは、W・B・イェイツや画家のパメラ・コールマン・スミスからの協力を受けながら、独自のタロット・デックを出版する準備をしていた。カバラ、ヘルメス思想、占星術とタロットの関連を強調した彼の理論と分析は、エテイヤの初期の混乱した推論やジェブランやレヴィの偏った見方と比べると、より深く研究されていて、さらに革新的でもあった。ウェイトは15世紀より前にタロットが使われていた証拠はなく、起源はエジプトではないとも考えていた。

パメラ・コールマン・スミス

友人の間ではピクシーと呼ばれていたパメラ・コールマン・スミス（1878 - 1951）は、イギリスに生まれ、子供時代をジャマイカとニューヨークで過ごし、ブルックリンにあるプラット・インスティテュートでアートを学んだ。イギリスに戻ってからの彼女の初期の仕事としては、『ウィリアム・バトラー・イェイツの挿絵入り詩集（ *The Illustrated Verses of William Butler Yeats* ）』やブラム・ストーカーによる女優エレン・テリーの本などがある（訳注[6]）。エレン・テリーは、この若い画家に感銘を受けた。そして、「ピクシー」はライシーアム劇場の一座の仕事を引き受けるようになる。彼女はライシーアム劇場の一座とともに国中をまわり、舞台や衣装デザインにも携わった（訳注[7]）。また、彼女は自作のミニチュアの舞台を製作したり、デザインや装飾についての記事を書いたりもした。

1901年、彼女はロンドンに仕事場を構えた。そこには芸術家、作家、演劇界の有名人たちなどが頻繁に出入りしていた。彼女をゴールデン・ドーンに紹介したのは、W・B・イェイツだった。そして、ゴールデン・ドーンが個人間の争いによって分裂したとき、すでにウェイトと友人になっていたスミスは、彼の新たな結社についていった。1909年、ウェイトは自身の思い描くタロット・デックのためのイラストレーターとして、スミスを抜擢した。そしてその際に、ウェイトから彼女へと大アルカナの元型的な性質にふさわしい主題や象徴、並びにスミスが小アルカナの物語へと発展させることになる主題の一覧が渡されたようだ。例え

6 「ブラム・ストーカーによる女優エレン・テリーの本」というのは、当時のパメラが仕事をすることになったライシーアム劇場の一座のツアーで販売された1899年の記念冊子（ *Sir Henry Irving and Miss Ellen Terry in Robespierre, Merchant of Venice, The Bells, Nance Oldfield, The Amber Heart, Waterloo, and Other Dramatic Works* ）の挿絵のこと。小説家としても知られるブラム・ストーカーは、ライシーアム劇場の経営マネージャーだった。エレン・テリーは同劇場の看板女優。

7 この頃、当劇場の一座がツアーしたのは、イギリスではなくアメリカである。

ば、「ペンタクル」のスートは、物質主義と権力が一致してしまったとき、行く手に待ち受けることになる裕福な家族の末路や誘惑の物語と関連している。

このデックを完成させた後、スミスは商業画家としてまずまずの成功を収めた。また晩年には、コーンウォールで司祭のための静養所を営むために、ささやかなお金を持って引退した。

王と玉座

タロット・デックが出版された直後の1910年に書かれた劇場デザインに関する記事の中で、スミスは次のように書いている。「木々の葉、花々、古着、金色、紫色が、この世界の輝く美しさが、私たちを取り巻いている。鉄の玉座に座る王たち、泥のベッドに横たわる乞食たち、笑うこと、涙を流すこと、夢をみること」。この文章は、スミスによるウェイトのタロットの視覚的な再現、ならびにウェイトの広範囲に及ぶ占星術やその他の象徴的連関を彷彿させる。

例えば、「皇帝」の玉座にある雄羊の頭は牡羊座を表している。「女帝」の金星の記号は牡牛座を表している。「審判」などいくつかのカードには、薔薇や十字架のような薔薇十字主義の象徴が含まれている。「高位の女司祭」の柱の文字（ボアズとヤヒンを意味するBとJ）は、フリーメイソンの神秘的な寺院の石柱を表している。「死」の中の人物は、薔薇十字主義の神秘の薔薇を示す旗を持っている。「愚者」の左手には薔薇がある。

だが、ウェイトはキリスト教神秘主義にも深く引き付けられていた。「恋人」のカードのイブ。「世界」のカードに描かれたエゼキエルの4つの生物。「カップのエース」の聖杯に聖餅を入れる中世の伝承では聖霊を表す鳩など。また、一部のタロット専門家は、デックの中の人物たちのいくつかは、スミスの友人たちなのではないかとも考えている。例えば「ワンドのクイーン」は女優のエレン・テリーを、「世界」の創成の女神は女優のフローレンス・ファーを描いているともみなされている。

折衷的なシンボル

ハーメティック・オーダー・オブ・ザ・ゴールデン・ドーンの教義や象徴体系は、このデックを本質的にヘルメス主義、カバラ、フリーメイソン、薔薇十字思想、ギリシャの密儀宗教、キリスト教神秘主義、占星術の折衷的な混ぜ合わせにした。この点において、それはあらゆる種類の神秘思想を求めた19世紀末の文化の熱情を反映している。また、そのこと自体がルネサンス期のタロットの在り方——私たちの人生とその彼方にある全てのものの視覚的な饗宴——をも反映している。

だが、後年のウェイトは、ゴールデン・ドーンの教義に幻滅するようになった。そして、1926年に出版した論の中で、タロットはオカルトの真理ではなく、神秘主義の真理で満たされていると述べた。彼はヘブライ語のアルファベットとトランプの象徴と

THE DEVIL.

▶ 「悪魔」

悪魔の頭の上にある下向き
の五芒星は、悪の象徴とし
てよく知られている。このよう
に上部に描かれた星は悪魔
崇拝と関連している。

RIDER-WAITE-SMITH

THE TOWER.

DEATH.

TEMPERANCE.

WHEEL of FORTUNE.

► 「恋人」

エデンの園を仄めかす絵——蛇、裸のアダムとイブ、上方からの神聖な裁き——が描かれているこのカードは、リーディングでの位置次第で多くの意味を持つ。多くの場合、恋愛での「選択」として解釈されているが、裏切り、ないしは夢中になっている状態を示していることもある。あるいは「愛とは実際に何を意味しているのか? どんな種類の愛——肉体的な愛の関係、ロマンティックな恋、精神的な愛、自己愛——を求めているのか?」といったことを問いかけてくることもある。

◄ 「塔」

◄ 「魔術師」

◄ 「節制」

◄ 「運命の車輪」

の間にはカバラ的な対応があるという考え方も批判した。

そして、おそらくW・B・イェイツの影響により、ケルトの伝承やアーサー王の伝説、特に聖杯の秘儀とタロットのスートの間に関連性があるという見解(誤った見解)を発展させていった。彼はデックに付属する本『ピクトリアル・キー・トゥ・ザ・タロット(A Pictorial Key to the Tarot)』の中で、「古代ケルトの技法」と呼ぶスプレッドを紹介した(このケルトの技法というのが正確に何に由来しているのかを彼は述べていないが)。その真の起源が何であれ、後にそれは「ケルト十字」と呼ばれるようになり、今やタロット・リーダーのレパートリーの中の非常に人気のあ

る並べ方となっている。

霊的なものや超自然なものの知識を求めることが流行していたことを受けて、1920年代半ば頃までに、ウェイトのデックは独自の地位を確立し、世界各地へと広まっていった。タロットのアートが、今や本当の意味で確立した。それによってさらに多くの謎めいたデック、オカルト的なデック、美しいデック、不思議なデックへの道が開かれることになった。そして『ライダー=ウェイト=スミス』の解釈と絵は、その分かりやすい表現で占いに焦点が当てられていることから、ニューエイジの大多数のタロット・デックに重要な影響を与えることになった。

The Crowley Thoth Tarot

クロウリー・トート・タロット

神秘的な象徴で満たされた抽象的で芸術的なデック。

クリエイター：アレイスター・クロウリー、1969年
イラストレーター：レディ・フリーダ・ハリス
出版社：USゲームズ、2008年

8 クロウリーがゴールデン・ドーンに参入したのは1898年のことで、初期のメンバーではない。

9 確かに1969年はサイケデリック文化が終わりを迎える直前で最高潮を迎えていたが、ニューエイジ思想の本格的な隆盛は1970年代に入ってからである。

▶ 「アート（節制）」

中世の比喩的形象の中では、元素の混合という錬金術のプロセスを象徴するためのモチーフとして、金のライオンと赤い鷲がモチーフとして使用されていた。

描き手の心を開示することが多い現代的なデックの前触れとなったクロウリーの『トート』のデックは、画家の想像力に富んだ世界を表現した比類のない優れた好例。

『トート』のデックは、当初に芸術作品であることが意図されて以来、その目的を達してきた。それは22枚の大アルカナ（クロウリーは伝統的なタイトルの一部を変更した──「世界（the World）」は「宇宙（the Universe）」に、「審判（Judgement）」は「永劫（Aeon）」となった）と56枚の小アルカナ（コート・カードの「ペイジ」と「ナイト」は「プリンス」と「プリンセス」に置き換えられた）から構成され、エジプトの秘儀、カバラ、ヘルメス思想、ギリシャ、中世、錬金術、占星術などの図像に由来する象徴を詰め込んだ美しく神秘的な作品になっている。また、それは「獣（Beast）」と呼ばれた男と国会議員と結婚した上流社会の婦人との奇妙な共同作品でもあった。

放蕩とセリーマ

オカルティストのアレイスター・クロウリーは、論争癖があり、好戦的で悪名高い放蕩者であり、またゴールデン・ドーンの初期のメンバーの一人だった(**訳注⁸**)。生涯、彼の評判には性的悪習の醜聞と非難がつきまとった。1944年には、多様な秘教的な伝承を統合したタロット・デックの手引きとして、『トートの書──エジプト人たちのタロットについての小論（*The Book of Thoth: A Short Essay on the Tarot of the Egyptians*）』と題した本を出版した。だが、そのデックの方が実際に出版されたのは、流行のサイケデリック文化とニューエイジ思想が最高潮に達した1969年になってからだった(**訳注⁹**)。そして、その表現の超俗性が、より解放的になっていた現代的なタロットの精神の中で受け入れられるのは難しいことではなかった。

1909年、反逆者クロウリーは『777の書（*Liber777*）』と題した本を出版し、これまで内密にされていたゴールデン・ドーンの教義、ヘブライ語のアルファベットの属性、大アルカナとカバラの秘められた関連を公開した。ゴールデン・ドーンの創設者マクレガー・マザースと激しく衝突したことで、クロウリーは独自のオカルト集団を作ることになる。またその一方では、世界各地を旅し、趣味の登山にも打ち込んだ。クロウリーが言うにはエジプトの神ホルスの化身であるアイワズ（Aiwaz）という「霊的存在」からの導きによって、反乱分子の魔術師た

ちは、その教義の一部としての性魔術と「汝、欲することをなせ」という哲学を元にした選り抜きの分派を設立したのである。

1920年に、彼はシチリア島のチェファルに移り住み、荒れ果てた別荘にセリーマの修道院を設立した。ドラッグの影響なのか、あるいはエジプトの神の影響なのか、いずれにせよ自らを教団の最高位の熟達者であると宣言した「世界で最も邪悪な男」の自己権力の拡大は、自身を窮地へ向かわせることになる。23歳の信奉者チャールズ・ラブデイが不備な衛生環境が主な原因の肝炎で死亡した。彼の妻は未亡人になると、薬物乱用、乱交、性魔術、育児放棄、獣姦といった煽情的な話題を携えてイギリスへと帰国した。その後、イタリア行政の介入により、クロウリーは島から追放されることになった。

レディ・フリーダ・ハリス

クロウリーのバイセクシャル、オカルトの功績、世界を巡る旅については、多くの伝記作家たちが詳しく書いてくれている。1930年代後半、文芸誌『ゴールデン・ハインド (The Golden Hind)』の元共同編集クリフォード・バックスを介して、ロンドンの社交界の名士で画家のレディ・フリーダ・ハリスと出会ったとき、彼のタロットへの関心は最高頂に高まっていた。実のところ、クロウリーにタロットを製作するよう促したのはハリスの方だった。ハリスは自分が絵を描くので、付属の本を書いてはどうかとクロウリーに提案したのだ。当初、クロウリーは断った。彼は昔のデックの絵を再描画する方が簡単だと考えていた。だが、ハリスは自分にタロットの絵を描かせるようクロウリーを説得するため、魔術の何もかもを学ぶ代わりに週に2ポンドを払

うと提案した。当時、破産状態だったクロウリーは承諾した。

オカルト・タロット

クロウリーには、タロットの元型が人間の心の中へと吸収されていくだろうという革新的な信念があった。それを今日であれば、タロットをリーディングする際の個の心理学的な側面と呼んでもいいだろう。彼の折衷的な神秘思想に関する知識と相まって、彼のデックは単なる占いのためではなく、よりオカルト的な目的に適したものとなった。ハリスはフリーメイソン会員でもあったため (訳注[10])、秘教的な主題に無知だったわけではない。だが、タロットやオカルトに関する知識はなかった。そこで彼女は伝統的なタロットの絵の表現を入念に調べ、さらにクロウリーの雑誌『 イークィノックス (*The Equinox*)』に掲載されている彼のタロットの解説に目を走らせた。また、クロウリーのスケッチやノートも参照しながら作業した。そして、納得できるものにするためには、一枚のカードを8回も描き直すことすらものともしなかった。

最終的にレディ・ハリスは、1941年にオックスフォードで、1942年ロンドンで2度、絵の展覧会を開いた。しかし、クロウリーは出席せず、プログラムのどこにも彼の名前はなかった。クロウリーとハリスが仲違いした可能性もある。しかしながら、誰にでも気前よく賛辞を贈るような人ではなかった彼が、『トートの書』の中でハリスに対し次のように敬意を表している。「彼女はその才能をこの作品に捧げた……願わくは、この真実と美の宝庫の中に彼女が保存した情熱的な『愛と意志』が、作品の輝きと力から流れ出て、世界を叡智の光で照らさんことを」。

XI

Lust

10　通常のフリーメイソンは、もともと男性しか加入できなかった。だが、19世紀末のフランスで、男女両方が加入できる「共通フリーメイソン（Co-Freemasonry）」が生まれ、各地に広まった。レディ・ハリスが加入していたのも、こうした共通フリーメイソンの一つである。

▶ 「欲望」

「欲望（Lust）」と呼ばれているクロウリーの「力」のバージョンでは、どんな性行為であれ選択し耽溺する自由があるという彼の信念が示されている。恍惚とした「娼婦」が、複数の人間の頭部で合成されたライオンに跨っている。クロウリーによれば、彼女は「愛と死で炎を上げる聖杯」を高く掲げている。もう片方の手で欲望に駆られた獣を制御しながらも、自身のエロティックな欲望を解放し身を任せようとしている。

XXI

ħ   The Universe   ♄

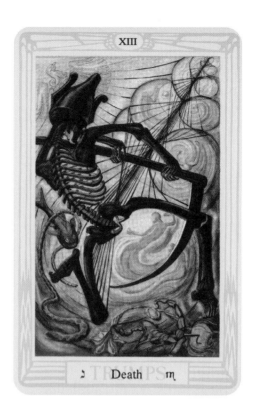

XIII

נ   Death   ♏

XII

מ   The Hanged Man   ▽

XVII

ה   The Star   ♒

◀ 「宇宙」

◀ 「死」

◀ 「吊るされた男」

◀ 「星」

11 16世紀の頃にイタリア北部で始まりヨーロッパで広まった仮面を身に着けた即興劇。

1942年、セサミ・クラブという当時の先端的な人々の集会での講演で、レディ・ハリスは一部のカードを生み出すために行った創作上の選択について、いくぶん詳しく回顧している。ハリスによると、「死」は生まれ変わりという考えを表していて、「大鎌を使って新たな形態の幾何学的な織物を作っている」。「カップ」のスートは、思いやりや受容力を表現する一方で、リーディングでは「水」が多すぎる場合、アイデンティティや自己表現が失われていることを示している可能性もある。コメディア・デッラルテ（**訳注11**）のピエロを元にした「愚者」は、人生という劇場のいたずら者で、ダンスを先導する者である。

クロウリーの概要からハリスが描いた「宇宙」の絵は、「世界」に関する既成の概念とは異なる視点を提供している。通常、「世界」の中の女性の姿は、アニマ・ムンディ（世界霊魂）ないしはガイアと同一視されている。だが、ここでの蛇に囲まれた女性は、カオスから裸で現われ踊り、恋人となる蛇神オピオンを作り出した古代ペラスギ人の創造女神エウリュノメーになっている。このカードが宇宙の「単一性」を表していたため、最終的に1969年に出版されたときには、ハリスの多数の作品と同様、新たな霊的探求者の世代にとっての啓示となった。レディ・ハリスの技能とクロウリーの刺激的な洞察は、20世紀の最も前衛的で神秘的で影響力のあるデックを生み出すことになった（デックから金銭的な利益が得られる以前に、また完成されたデックとして自分たちの作品を目にする以前に、どちらも亡くなっているが）。

マクマートリーとその後

1944年、クロウリーは、自身の新たな魔術結社「オード・テンプリ・オリエンティス」のメンバーだったアメリカの若き軍人グレディ・L・マクマートリーの協力を得て、『トートの書』の初版を出版した。マクマートリーは、ノルマンディー上陸作戦の開始予定日にロンドンを離れる前、レディ・ハリスと彼女の自宅で会っていたようだ。マクマートリーは軍用ジープを走らせ、郊外の奥地にいるクロウリーを訪問した。無一文だったクロウリーは、ロンドンにいるレディ・ハリスへ重要な書類を届けてくれるようマクマートリーに頼んだ。彼が到着した時、ロンドンはすでに灯が消されていた。彼がハリスの家のドアに近づくと、ドビュッシーの「月の光」の演奏と静かな談話が聞こえてきた。明らかに夜会が進行していた。レディ・ハリスは彼に礼儀正しく挨拶をしたが、背を向けて室内の方を向くと、彼の制服とブーツのために眉をひそめた。どんなに中に招き入れたくても、その姿がその夜の楽しいムードを台無しにしてしまうからと彼女が言ったのを、マクマートリーは覚えている。彼がハリスと会ったのは、これが最初で最後だったようだ。だが、皮肉なことに、78枚の絵を写真に撮り、1969年にタロット・カードのデックとして出版するための手筈を整えたのは、マクマートリーだった。

Beginner's Divination Decks

第2章 初心者のための占い用デック

初心者用のデックということになると、通常注目すべきは、78枚のカードという伝統的なフォーマットに従い、4つのスートからなるピップ・カードが絵で表現されていて、大アルカナも単純ではあるが印象的なイメージや元型的な象徴になっているようなデックである。タロットを学び、リーディングするには、象徴と直感的につながり、それらの解釈の鍵となるものを結びつけていく過程を通過する必要がある。そのため、何らかの助けとなるキーワードが付与されていることや、「何かをしている」人物が生き生きと描かれていることも初心者向けデックのための基準となる。

『ライダー＝ウェイト＝スミス』は、同種のイメージや影響力のある分かりやすい絵のスタイルを備えた現代のほとんどのタロットに、多大な影響を与えたデックとして知られる。そしてその影響力により、その先例に従う多数のクリエイターたちを生み出してきた。この章では、タロットの解釈について異なる視点を提示しながらも、理解しやすい現代のデックをいくつか紹介したい。

例えば、故デヴィッド・パラディーニによる『アクエリアン・タロット』（p.74）を見てみよう。このデックは、1960年代から1970年代初頭のヒッピー世代のスタイルやムードを典型的に表現している。また、避けられない結末や運命よりも心理的な洞察や内省にアングルを定めている。

色彩やデザインの明快さに重点を置いた『モーガン＝グリア』や『クリスタル・ヴィジョンズ』のようなデックでは、スタイリッシュでありながらも、読み手が特有の個々のシンボルを精査せずとも容易に理解できる構図が採用されている。

中世から初期ルネサンスの絵画を使用し、現代風の捻りを加えたコラージュの技法の好見本となっているカット・ブラックの『ゴールデン・タロット』（p.96）を含め、複雑ではなくとも優れた技量を示すデックもある。また、『グッド・タロット』（p.94）や『パウリーナ・タロット』（p.92）では、カードの解釈に関するクリエイター自身の芸術的かつ精神的な観点を織り交ぜた単純なイメージが用いられることで、その力が強化されている。これらのデックは、占い的な方向にはあまり傾いていない。それらが示唆するのは、タロットを使って自らが意識的選択を行うことを学ぶこと、そして自身の運命の責任は自身にあると気づくべきだということだ。これらのデック自体、今となってはいずれも古典として受け入れられている。

The Aquarian Tarot

アクエリアン・タロット

アールデコやアールヌーボーを思わせるイメージと中世風のステンドグラス的効果の
組み合わせによって作り出された独特の美しさを持つデック。

クリエイター：デヴッド・パラディーニ、1970年
イラストレーター：デヴッド・パラディーニ
発行：USゲームズ、1991年

12 これは、ニューヨークの製紙
会社のブラウン・カンパニーが自社の
「リンウィーヴ・ペーパー」という紙
のプロモーションのために、パラ
ディーニを含む4人のアーティストに
タロットの絵を依頼し、1967年に
『ザ・リンウィーヴ・タロット・パック
（The Lineweave Tarot Pack）』
と題されて出版されたデックのこと。

▲ 「恋人」

イタリアで生まれ、幼少期にアメリカへと移住したデヴッド・パラディーニ
は、豊かな文化的背景を持っている。そのことが、みずみずしい創造性
として作品に現われている。ニューヨークのプラット・インスティテュート
（『RWSタロット』のイラストレーター、パメラ・コールマン・スミスと同じ学
校）で美術、写真、映画を学び、1968年のメキシコシティ・オリンピック
で初めて職業カメラマンとしての仕事を開始し、その後は独立した写真
家・芸術家として成功への道を歩み続けた。『アクエリアン・タロット』が
出版されたのは、1970年、彼が24歳のときだった。

　イタリアのステンドグラス窓に囲まれて育つ中でアートの見方を形成していった
パラディーニは、アール・ヌーボー様式の鉛枠ガラスに見た強烈な色彩から着想
を得た。こうしたことは、彼のタロットの全ての絵の中にあるステンドグラス的な
色彩と様式の両方に直接的に表れている。また、パラディーニのタロットを使う
目的は予言ではなく、むしろ「自分自身」を知り、状況への洞察をもたらすこと
にある。

　1965年、長髪にベルボトムのジーンズ姿の美大生だったパラディーニは、驚
いたことに、当時の流行を生み出していたニューヨークの代理店からタロットの絵
をデザインする依頼を受けた。これはブラウン・ペーパー・カンパニーの、一連の
ファイン・アート・ペーパーを引き立たせるためのものだった（訳注 12）。この仕事を
終えて美術大学へと戻ったパラディーニは、一枚のカードにつき100ドルという当
時の彼にとっては夢のように思われた報酬で、モーガン・プレスという小さな出版
社から完全な一揃いのタロット・デック制作の依頼を受けることになった。まるで
心の深いところから着想が湧いてくるかのように感じながら、パラディーニは1年
を費やして絵を描いた。この作品を提出した後、モーガン・プレスから再び依頼
の連絡は来なかった。だが数年後、デザインの世界で成功を収めてから、マ
ディソン・アヴェニューを歩いていると、ニューエイジ・ショップに自分のデックがあ
るのを発見した。そこから、パラディーニのタロットの旅が再び始まる。今度は
「正しい道筋を進み」、さらなる成功へと向かっていくことになった。1970年、
USゲームズ社のスチュワート・キャプランが、モーガン・プレスから『アクエリアン・
タロット』の権利を買い取った。そして、彼のデックは水瓶座の時代の古典的タ
ロットの一つとなっていった。その後、パラディーニは『ニュー・パラディーニ・タロッ
ト』として知られる改訂版も制作している。また、彼の別の注目すべき作品とし

XVII

▶「星」

THE AQUARIAN TAROT

▶ 「運命の車輪」

翼を持つ雄牛、ファラオを思わせる車輪を回す
人物、上昇する2匹の蛇などにはエジプトの影
響が見られる。蛇たちは世界の循環的な性質を
象徴し、車輪が回転するにつれて時間が進行す
る。これは、エネルギーを再び取り戻し、人生と
の前向きなかかわり方を作り出していくにはどの
ようにすればいいかを示すサインとなっている。

▶ 「魔術師」

無限大の象徴は、現代のデックにおいて広く目に
するモチーフとなっている。

▶ 「ペンタクルのエース」

力強い赤い五芒星は、物質主義を示している。

▶ 「ソードの4」

内省、熟考の時。

▶ 「ロッド（ワンド）の3」

前方への旅。探求の旅に出発する。

では、スティーヴン・キングの小説『ドラゴンの眼（The Eyes
of the Dragon）』の図解版がある。

　パラディーニは、伝統的なイメージの中に独自の自由な芸術
的表現を取り入れた。例えば、「星」のカードを見ると、昔の
「星」のカードの描写とは明らかに異なるのが分かる。力強く
荘厳な鳥、おそらく極楽鳥か神話の鳥が、葉のベッドの上にと
まり、遠くにある八芒星へと向かって飛び立とうと身構えてい
る。ほとんどのタロット・デックに描かれているように、星には8
つの先端がある。この星は通常、金星ないしはメソポタミアの
女神イシュタルや彼女とよく似たイナンナと関連している。もし
星の光、女神に向かって飛び立てば、女神は私たちに成功と
いう報酬を与え、祝福を与えてくれるだろう。しかしながら、
そのためには私たち自身が意識的に行動を起こさなければなら
ず、それが魔法によって叶えられるなどとは期待すべきでないこ
とを、この鳥は示唆している。

『RWS』のイメージが概して元になってはいるとはいえ、そ
の他にも例えば「恋人」のカードでは、ラファエル前派に着想
を得た恋人たちとアーツ・アンド・クラフツのステンドグラスのパ
ネルの豊かな色彩が融合されている。鮮やかでありながらシン
プルなこのカードは、宮廷恋愛のイメージへとかなり近づいてい
る。「ソードの4」には、内省の時間として休息しているか、あ
るいは眠っている騎士が分かりやすく描かれている。一方、
「ロッド（ワンド）の3」には、ストイックな騎士が探検を前に
決然としている姿が見られる。

　パラディーニも探求——美しく新たな世界へと向かう探求、
その過程ではタロットを使うことが自分自身を理解する、また人
生をさらに充実させる助けとなる——の途上にあった。ほとん
どの絵柄をクローズアップしながら表現しているという点が、こ
のデックの特徴にもなっているが、それは私たち自身の内なる
世界をクローズアップした光景にもなっている。

THE · MAGICIAN ·

ACE OF PENTACLES

FOUR OF SWORDS

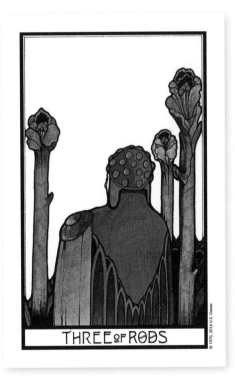

THREE OF RODS

THE AQUARIAN TAROT

Morgan-Greer

モーガン=グリア

各カードの情動的な面や象徴的な意味を色彩が開示する。

クリエイター：ビル・グリアとロイド・モーガン、
1979年
イラストレーター：ビル・グリア
発行：USゲームズ、1991年

▲ 「月」

目を引く印象的な明るい黄色の球体として描かれている満月が、絵の中央を占めている。狼が吠え、奇妙な生き物たちが深淵から這い上がろうとしているときに、私たちは自分の感情や気分に信頼を置くことなどできるだろうか？ このカードが私たちに求めているのは、内省すること、直感に耳を傾けること、慎重に進んで行くことだ。

ロイド・モーガンの制作指揮のもと、ビル・グリアがイラストを担当したこのデックは、その伝統的な様式とシンプルなイメージで、初心者向けの古典的なデックとなった。『モーガン=グリア』の絵は、『RWS』（p.56）、『マルセイユ』（p.44）、アメリカのオカルティストであるポール・フォスター・ケイスの『B.O.Tタロット』など、様々なタロットを元にしている。

　パラディーニが『アクエリアン・タロット』（p.74）で成功してから間もない1970年代に、ロイド・モーガンとビル・グリアは、2つの主要な出典 ──『RWS』と『マルセイユ』── に依拠しながら自分たちのデックを製作した。全体を通してこのデックの基礎となっているのは、パラディーニのタロットに特徴的なクローズアップのスタイルである。また、初心者に最も扱いやすいデックの一つであるとはいえ、その絵には多岐に渡る大胆な折衷も見て取れる。例えば「高位の女司祭」には、三日月とヴェールの背後に隠された水の広がりも描かれていて、『RWS』の「高位の女司祭」を簡略化した絵となっている。だが一方で、馬が乗り物を牽引している「戦車」のカードは、『マルセイユ・タロット』を元にしている。「運命の車輪」は、まったく別のデックから影響を受けていて、『RWS』や『マルセイユ』が象徴するものを仄めかすものはまったく見られない。そこでは王と女王が回転する車輪に捉えられているが、これは『1JJ・スイス・タロット』（p.126参照）を元にしたものだ。もう1人の人物は手が離れ、下方の深淵に落ちていっているが、女王のドレスのひだ飾りに足が引っかかっている──彼女も落ちていくのだろうか、あるいは車輪に引き戻されてもう1日生き延びることになるのだろうか？

　ところで、ビル・グレアとロイド・モーガンは一体何者なのだろうか。ロイド・モーガンについてはほとんど情報がない。ビル・グリアの方は、『リトル・ホワイト・ブック』（付属の小冊子）の中で簡潔に述べられていることによると、ミズーリ州生まれでカンザスシティ・アート・インスティテュートに通い、神話や神秘主義の元型的な性質にずっと魅了されていたという。彼のデックの製作は、気を逸らすもの一切から離れた田舎で行われた。また、彼の色の選択の着想の元になったのは、ポール・フォスター・ケイスの著書『タロット ── 時代の叡智への鍵（ The Tarot: A Key to the Wisdom of the Age ）』だった。彼が言うには、「いまだイメージを深く掘り下げて思い浮かべることができていなかったにもかかわらず、各カードへの情動的反応を作り出すため」に、絵の具のパレットを手に取った。

VII — THE CHARIOT

▶ 「戦車」

2頭の「陰」と「陽」の馬が、読み手に向かって駆け出してくるように見えるならば、御者は世界に立ち向かっていく準備ができていることになる。この王侯の気高さをたたえた挑戦者は、自信に満ちた表情で勝利を確信している。なぜなら、彼は成功させると心に決めているからだ。

MORGAN-GREER

▶ 「司祭」

　実際のところ、ほとんどのタロット・デックの中では、色彩が最も元型的であるにもかかわらず、捕えにくい象徴の一つとなっている。赤は情熱や火、緑は自然界、青は水や感情、黄色は太陽や喜び。私たちは深く考えずとも、そう容易に連想することができる。これらは元型的な象徴であり、赤は「火」、青は「水」、黄は「空気」、緑は「土」というように占星術の4元素とも関連づけられる。

　ヘルメットや興味深い帽子から「司祭」の「ターバンに似た」層状の頭を覆う布まで、このデックの中の登場人物のほとんどが、さまざまな中世風の被り物で頭を飾っている。このカードの交差した鍵は隠された知識の力の象徴である一方で、彼の頭を飾っている多層の被り物は、知識のあらゆるレベル、ないしは私たちが真の啓蒙に至るために踏まなければならない段階を象徴しているのかもしれない。

▶「悪魔」

▶「ペンタクルの
キング」

▶「死」

▶「棒（ワンド）の
エース」

MORGAN-GREER

The Classic Tarot

クラシック・タロット

イタリア様式の銅板印刷によるタロット・カードで、
有益な表題と分かりやすい比喩的表現が特徴のデック。

クリエイター：フェルディナンド・ガンペンベルグ、
1835年頃
イラストレーター：カルロ・デッラ・ロッカ
発行：ロ・スカラベオ、2000年

『ライダー＝ウェイト＝スミス・タロット』（p.56）が20世紀のタロットの伝統
を定めたように、この19世紀初頭に作られたタロットが後のイタリアの
デックの標準を定めることになった。「ロンバルド・デック」ないしは「ソ
プラフィノ・デック」とも呼ばれているが、「棒のキング」の基部にはカルロ・
デッラ・ロッカの名前が記載されている。

　1809年にミラノに移り住んだドイツ人の印刷業者フェルディナンド・ガンペンベル
グは、1830年頃、銅版画家カルロ・デッラ・ロッカにタロット・カードの制作を依
頼した。デッラ・ロッカはイタリアの彫刻家で銅版画家のジュゼッペ・ロンギ（1766
－1831）に師事していたが、銅版画家として師匠ほどの名声へと達することはな
かった。当時はかなり人気があったようではあるが、彼の生没年の記録はない。

　このタロット・カードは、イタリアの伝統的な4つのスート——「剣」、「棒」、「杯」、
「金貨」——を採用しているが、そこには初期のロココ様式の絵画によって影
響されたと思われる華麗で芝居がかった登場人物たちも盛り込まれている。大
アルカナと並んでコート・カードも以前にはなかったほどの個性や特徴を備えて
いる。また、大アルカナのカードの方には、この画家特有のいくつかの個性も
含有されている。例えば、「死」のカードには表題がない（ここには迷信深い
イタリア人の気質が表れている）。また、「隠者」はランタンではなく燭台で小
さな裸火を運んでいる。「司祭（Il Papa、教皇）」のカードの下部には、読み
手の方を見る奇妙な表情をした人物がいる。これは作者の皮肉を込めた自画
像なのか、それとも教皇権に従わない者も大勢いるのだということを暗に伝えよ
うとしているのだろうか？

　このデックでは大量の象徴によって圧倒されることはない。むしろ「何かを行っ
ている」人物たちが単純に描かれている。最近の版では、すべてのカード（小
アルカナを含む）に多言語（イタリア語、英語、フランス語、ドイツ語）でキーワー
ドが記載されているため、さらに解釈しやすくなっている。また、それは具体的
な絵になっていないピップ・カードを読み手が理解することも助けてくれる。この
『クラシック・タロット』と題された版は、1835年にミラノで出版された最初のデッ
クの複製品である。1世紀以上にわたってイタリア全土で広く複製され、1889
年にボルドーニによって再版された。『クラシック・タロット』は細部まで装飾され、
豊かな色彩と表情豊かな人物たちで満たされている。そして、豊かな想像力に
よって、その個性をうまく表現した最初のタロットとなっている。

RINNOVAMENTO – RENEWAL – RENOUVELLEMENT – ERNEUERUNG

IL GIUDIZIO

XX

TERMINE – END – FIN – ENDE

XIII

ISTINTIVITÀ – INSTINCTIVENESS – INSTINCT – INSTINKTE

IL DIAVOLO

XV

ISPIRAZIONE – INSPIRATION – INSPIRATION – EINGEBUNG

IL PAPA

V

▶「審判」

人を恐怖と自己不信の内な
る地獄から解放し、独善的
な振る舞いからも自由にする
ため、天使ミカエルがトラン
ペットを吹き鳴らしている。

▶「死」

▶「悪魔」

▶「司祭（教皇）」

THE CLASSIC TAROT

The Universal Tarot

ユニヴァーサル・タロット

『RWS』デックの簡易的な翻案だが、初心者にとっては貴重。

クリエイター：ロ・スカラベオ、2003年
イラストレーター：ロベルト・デ・アンジェリス
発行：ロ・スカラベオ、2007年

『RWS』(p.56)は多くの出版社によって複製され、また多くのタロットのイラストレーターたちによっても描き直されてきた。これはその中でも最もよく知られていて、視覚的にも最も解釈しやすいバージョンの一つである。

　現代的で生き生きと感じられるだけでなく、英雄たちや伝説上の人物たちの細部が実際に加味された『ユニヴァーサル・タロット』は、『RWS』の再活性化された「明るい」バージョンとなっている。ビジネスと関連する「ソードのキング」は、まさにアーサー王を彷彿させる。一方、「ワンドのクイーン」は、威嚇する護衛の猫に付き添われている。『RWS』の絵とその秘教的な象徴主義に準拠しながらも、整った線形の絵の中にはイラストレーター自身のファン雑誌的な表現方法が垣間見られる。

　イタリアで1959年に生まれたロベルト・デ・アンジェリスは、画家であり、またコミック・イラストレーターでもある。また、セルジオ・ボネッリ社によって出版されて世界的に成功したコミック誌『ネイサン・ネヴァー(Nathan Never)』の表紙の公式画家として最もよく知られている。彼独特の写実的で雑誌的な表現方法によって、スートの元型的な物語にはそれ特有のストーリー展開が付与され、さらに個々の登場人物たちにもタロットの旅の中での振る舞うべき役割が付されている。デ・アンジェリスは、明るく生き生きとした色彩で際立たせることで、楽しそうに出発する主人公、すなわち「愚者」が、自身の啓蒙へと至るまでの途上で貴重な登場人物たちと出会う旅を描いた、最初の分かりやすいタロット・デックを作り出すことに成功した。私たちは「カップの9」の中のうぬぼれた戦士のような人物の感情も感じられるし、今この瞬間に物事を実現する方法を知っている「魔術師」の不敵な笑みにも気づかされる。「皇帝」の刺すような鋭い視線や、「正義」の女神の公正な視線も感じられる。実際のところ、各々のカードは、「愚者」の旅やその途上で出会う人々について単に語っているのではなく、情動を擬人化することによって、私たち自身を明瞭に映し出しているのである。

　このデックは『RWS』の元々の色合いやイメージを単純化しているとはいえ、現代的な捻りにより登場人物たちに活気が生み出されていて、そのコミックやファン雑誌のような顔の表情が、読み手へと直接的に語りかけてくるものとなっている。

　また、標準的な構成と単純な絵の表現で作られているため、理解するのも難しくない。初心者のタロット・リーダーでも楽しむことのできるデックである。

RE DI SPADE　　KING OF SWORDS
ROI D'EPEES　　REY DE ESPADAS

KÖNIG DER SCHWERTER　ZWAARDEN KONING

▲ 「ソードのキング」

IL MAGO
LE BATELEUR

I

THE MAGICIAN
EL MAGO

DER MAGIER

DE MAGIËR

▶ 「魔術師」

「ソード」、「ワンド」、「ペ
ンタクル」、「カップ」という
象徴で表されている地上の
あらゆるものを、「魔術師」
は自在に操る能力を持ってい
る。8の字を描く、いわゆる
「無限大のシンボル」は、ウ
ロボロス、すなわち自らの尾
を呑み込む蛇という古代の
図像の異形とみなされる。こ
れは創造性を象徴し、また
魔術師がそこから自身の潜
在能力を顕現化させるクイ
テッセンス、すなわち第5元
素と関連する。

The Mystical Tarot

ミスティカル・タロット

詳細に描かれた絵と豊かな象徴的意味が自己認識への経路を作る。

クリエイター：ロ・スカラベオ、2017年
イラストレーター：ルイージ・コスタ
発行：ロ・スカラベオ、2017年

現実的でありながら風変わり、夢想的でありながら実際的。この非常に想像力に富んだデックは、イタリア人アーティスト、ルイージ・コスタの油絵に由来するが、その元になっているのは『RWS』(p.56)デックである。だが、詳細な象徴主義で質を高められていて、ルネサンス風の雰囲気も伝わってくる。作品の絵は、中世とラファエル前派とシュルレアリストの絵画を『ソラ・ブスカ』(p.164)の特徴的な色合と異花受精させている。

このデックを使うときには、細部に注意を向けることが重要である。読者は「内側に目を向けること」、つまりイメージの中だけでなく、自分自身の意識の中に目を向けることが求められる。この美しいカードは、現代の多くの初心者用デックと同様、自己認識や真の願い、動機へのより深い気づきとなる旅に出ることを求めている。このデックのことを単に未来を予見するためのものと思い込むべきではない。

また、ルイージ・コスタは、同出版社のために『プリラフィアライト・タロット』という別のタロットも描いているが、そこでは多様な文化に由来するシンボルの取り合わせを融合している。不思議な美しさのある「ソードの6」には、神話的で穏やかな領域へと向かってボートを漕いでいるお決まりの人物が描かれているが、水の中には漕ぎ手の規則的な動きを妨げようとするロブスターにも似た奇怪な生物がいる。また、あまりにも接近し過ぎているために不安な気持ちにさせる惑星たちが、霞んだ空を満たしている。その一方で、天上からの神の光が「剣」を真実へと目覚めさせている。

「力」のカードには、エリザベート=ヴィジェ=ルブランのような、フランスの18世紀後半のロマン派の画家たちを彷彿させる優雅なシフォンの衣服を身に着けた女性が描かれている。このヒロインは物怖じせず、唸る（あるいはあくびをしている？）ライオンを易々と制御している。「魔術師」のカードにはエジプトからの影響が見られるが、一方でスートのカードには各々に深みのある意味を加えるため、背景は擬人化された雲や占星術の象徴などで満たされている。

このデックは魔術的なものと写実的なものを最良の形で具現化し、人生の中で本質的なものは何なのかを読み手に注意深く考えさせるよう促している。

▲ 「ソードのエース」

白い鶴ないし鷺は、知識の象徴であり、またアイデアが生まれることを示している。

▶ 「高位の女司祭」

古代道教の太極図は、女性
性の受容的エネルギー（陰）
と男性性の動的エネルギー
（陽）のバランスと、それら
が一体となり調和しているこ
とを表している。

THE MYSTICAL TAROT

The Enchanted Tarot

インチャンティッド・タロット

想像力を用いるタロット・リーディングに向いている質感豊かな絵。

クリエイター：エイミー・ザーナー、
モンテ・ファーバー、1992年
発行：セント・マーティンズ・プレス、2007年

「スピリチュアル・クチュリスト」としても知られる有名なコラージュ・アーティストのエイミー・ザーナーは、パートナーのモンテ・ファーバーとの共著で多数の神秘主義に関する本やオラクル・デックを制作してきた。着る人に霊的な力を与えると言われる彼女がデザインした唯一無二の衣服は、リアーナやゴールディ・ホーンなどのセレブリティたちからも依頼されてきた。

『インチャンティッド・タロット』には、神話、魔法、神秘、霊性が取り入れられている。また、エイミーによる各カードの絵には、塗料、レース、紙、種々の宝石、護符、織物などを組み合わせた手の込んだコラージュが用いられている（p.10参照）。

モンテは付属の本で、カードを3つのレベルで解釈する方法を説明している。この方式は、無意識の状態、意識した状態、霊的な状態でワークを行っている中、この3つのレベルを全て結びつける鍵が、タロットのような占い（オラクル）にはあると気づいた後で考案された。彼は最初のレベルを「夢」（カードが無意識の自己の何を意味しているか）と呼んでいる。次のレベルを「目覚め」（カードが今の人生の何を意味しているか）、さらに続くレベルを（「魔法」（インチャントメント）（カードの本質にどのように取り組むべきか）と呼んでいる。「悪魔」のカードを例にすると、「夢」の状態では自己の深層にある、より暗い衝動や誘惑を表すが、「目覚め」の状態では否定的な結果の源である否定的な思考へ執着していることを示している。また、「魔法」の状態では、読み手が自己愛を取り戻すために、どのようにしてそうした感情と向き合っていくべきかについて指示している。

初心者がカードを解釈するための手軽で簡単な指針もある。そのため、このデックは多様なレベルでの理解が可能であり、自己発見や占いにもふさわしい形へと見事に体系化されている。

▶ 「ペンタクルのプリン
セス（蓮の花びら）」

「ペンタクル」のスートの大
部分を緑 ── 成長、自然、
物質主義、豊かさと関連す
る色 ── が占めているが、こ
こでは平和を象徴することが
蓮の花びらによって強調され
ている。

　　　　　　　　THE ENCHANTED TAROT

Crystal Visions

クリスタル・ヴィジョンズ

単純さと明瞭な解釈を備えた優雅で空想的なデック。

クリエイター：ジェニファー・ガラッソー、2011年
イラストレーター：ジェニファー・ガラッソー
発行：USゲームズ、2011年

ニューイングランド出身のジェニファー・ガラッソーは、若年層向けの小説家、ファンタジー画家、イラストレーターとして知られている。このデックの名称と絵は、ジェニファーがこのデックの制作を計画していたのとほぼ同時期にリリースされたシンガーソングライターのスティーヴィー・ニックスのアルバム『クリスタル・ヴィジョンズ』から着想を得た。スティーヴィーの詩的な歌詞、極めて優美な精神、神秘的な創造性によって、すでにジェニファーは魅了されていたが、デックのタイトルに自身のもうひとつの関心事である水晶球のスクライングを重ね合わせた。自分自身を映し出すものとして、水晶の中を凝視するのであれ、タロットのイメージを見詰めるのであれ、スクライングとタロットのいずれもが質問者へと明瞭なメッセージをもたらしてくれる。

ジェニファーは、タロットという主題にどう取り組むかということで、当初は戸惑ってしまったことを認めている。まずは行き当たりばったりで絵を描き始めてみた。だが、すぐに製図版へと戻り、下絵を描き、4つのスートの基礎として、元素——「火」、「土」、「空気」、「水」——のつながりとその色の関連性を採用することにした。例えば、「カップ」のスートを見ると、占星術上「水」と関連する青または紫で薄っすらと彩色されている。また、「ワンド」のスートには「火」と赤、「ソード」のスートには「空気」と黄、「ペンタクル」のスートには「土」と緑が結び付けられている。この現代的で幻想的なデックには、初心者がカードの背後にある、より深い元型や意味とつながっていけるように、単純だが印象的な形象が描き出されている。

◀ 「ワンドの3」

野性の猫、ファンタジーの世界のドラゴンといった仲間たちに付き添われ、探求者は自身の真実の道を見出すため、スクライング用の水晶をじっと見つめている。

VI ✦ THE LOVERS

© 2011 US GAMES

▶ 「恋人」

赤いバラは常に情熱、愛、
献身の象徴となってきた。

CRYSTAL VISIONS

Paulina Tarot

パウリーナ・タロット

神秘的な雰囲気に包み込まれたロマンティックな精霊の世界。

クリエイター：パウリーナ・キャッシディ、2009年
イラストレーター：パウリーナ・キャッシディ
発行：USゲームズ、2009年

愛嬌のある空想的な妖精たちや想像上の精霊たちが、『パウリーナ・タロット』のカードの至る所で自由に動き回っている。『RWS』(p.56)を元にして描かれたパウリーナ・キャッシディの絵は、楽しく快活で陽気で活力に満ちている。これら淡い色合いの水彩画は、細部に至るまで精巧に描かれている。この作者兼イラストレーターは、ニューオーリンズに住んでいるときにデックの大部分を描くための着想を得た。そのことによって、彼女の風変わりな精霊たちの多くは、「恋人」や「ワンドの2」で見られるように、19世紀のマルディグラの衣装に身を包んでいる。

カードの象徴主義は『RWS』の元型的なモチーフに従っている。だが、直観力のある読み手であれば、個々のカードには単なる表面上の愛らしい絵のみならず、それ以上のものを見出すのに十分なほどの別種の象徴もある。例えば「皇帝」の鎧は、全能の目（洞察力と力の象徴）で装飾されている。また、「隠者」は神秘的な女性の姿になっていて、その傍らには神話上の動物たちがいる。その一匹は懐中時計を、もう一匹はランプシェード（時間と啓蒙の象徴）を運んでいる。

また、「死」のカードの木の樹皮には驚いたような複数の顔が描かれているが、他もよく見てみると、そこかしこに小さく魅惑的な超自然の生き物や精霊の一族がいるのが分かる。画家がデックを制作していた18ヶ月の間に、こうした精霊や妖精たちの多くがカードの中へ含めるよう要求してきたかのようだ。パウリーナは何日も、時には何週間も集中し、自身の無意識を深く探求し、個々のカードの意味や象徴を「経験した」。彼女のデックは、ポジティブなタロット・リーディングに適した不可思議な魅力を持っている。

-O- THE FOOL

▲ 「愚者」

TWO OF CUPS

▶ 「カップの2」と頭上
の蝶の飾り

東洋の民間伝承において、
蝶は婚姻の幸福を象徴して
いる。だが、古代ギリシャ人
にとって、蝶は人間の魂を
形象化したものだった。魂な
いしは生命力は、神エロスと
恋に落ち、彼から不死を授
けられたプシュケとしても知
られていた。

The Good Tarot

グッド・タロット

個の成長のための繊細で啓発的な絵。

クリエイター：コレット・バロン＝リード、2017年
イラストレーター：ジーナ・デッラ・グロッタグリア
発行：ヘイ・ハウス、2017年

プロフェッショナルの直感能力者であるコレット・バロン＝リードとデジタルアーティストであるジーナ・デッラ＝ロッタグリアは、2017年の『グッド・タロット』の出版以前に、多様な『オラクル・カード・デック』をすでに共同で製作している。愛犬家であり、著名な作家であり、スピリチュアル・ティーチャーでもあるコレットは、アメリカ中の人気ラジオ番組やテレビ番組に数多く出演した後、大勢のファンから「オラクルの女王」とも呼ばれるようになった。『グッド・タロット』は、標準的な78枚のカードのデックで、絵はカード全面に配され、縁はない。巧みにデザインされたデジタル画の組み合わせ、コラージュ、見事なまでの細部の描写、ぼんやりかすんだ写真、繊細な色彩で埋め尽くされている。それによって、主として自己変容、自己啓発、瞑想、霊的成長などに良く適したデックとなっている。

『グッド・タロット』と呼ばれているのは、このデックがあらゆることの中の良い面に焦点を合わせ、ポジティブな結果、自己認識、宇宙とのつながりへと向かって行くためのものだからだ。未来の出来事を知ろうとするよりも現在を重視し、目下の解決策を提示することに、このデックの目的がある。伝統的な元型が個々のカードの絵の核心にあるが、探求者はその象徴的意味を受け入れながらも、よりポジティブな答えを探すことが求められる。例えば、「悪魔」は「自身の欲望に拘束されている」状態を意味しているとされる。すなわち、私たち誰にでも欲望はあり、各自の中に悪魔はいる。だが、このデックでは、そうした欲望は否定されるものではなく、受け入れ、承認し、取り組んでいくものと見なさなければならないのだ。

もうひとつの例として「吊るされた男」を見てみよう。そこには堕天使、あるいはもしかするとイカロス（彼の背後にある球体は太陽の馬車を象徴的に示唆している）が描かれている。これは自身の失敗を受け入れるべきとき、ないしは神の恩寵の喪失として解釈されるだろう。同時に、もし前に進む方法が分からないのならば、今ふさわしいのは新しい視点から人生を見るべきだとも解釈される。

▶ 誘惑と林檎

古代キリスト教では、林檎はアダムとイブの誘惑や堕落の象徴であり、長い間、原罪や禁断の果実と同一視されてきた。

▶ 「空気の2」

▶ 「変容」

▶ 「力」

15

Temptation

2 of Air

13

Transformation

8

Strength

The Golden Tarot

ゴールデン・タロット

中世の不可思議な美術のコレクションから生まれたデジタル・コラージュの名品。

クリエイター：カット・ブラック、2004年
イラストレーター：カット・ブラック
発行：USゲームズ、2005年

『ゴールデン・タロット』には、キリスト教だけでなく多岐に渡る秘教的な資料から選ばれた象徴やイメージが包含されている。

オーストラリア生まれの画家であり、クリエイティブVJ（ビデオやフィルムを使った即興者）であり、ライターでもあるカット・ブラックは、このデックを創造するための旅を続けてきたが、元々それは趣味として始まったものだった。2000年にアメリカとイギリスを旅して回っていた頃、当時は資金も興味もまだあまりなかったが、中世後期の美術を使ったデックを制作するというアイデアを思い付いた。バージョン1.0と呼ばれる一連のカードを作った後、彼女は自身のサイトのフォロワーたちから、このデックのために本格的な出版社を探すように勧められた。そのフォロワーの中には、ニューヨークのアーティスト、ジュディ・シドニー・ティリンガーもいた。そして、USゲームズ社の協力のもと、彼女はカードに手を加えることで、象徴的な意味へと近づきやすくした。その結果、このデックは、これまでのところコラージュで製作されたものの中で最も成功したデックとなった。

カットは12世紀から15世紀の初期ルネッサンスまでの様々な美術作品からさまざまな要素を採用し、驚くほど美しい比喩的表現を生み出した。それらの要素となった断片はフレスコ画、油絵、金箔細工、彩色写本から採用され、個々のカードのための凝集した絵が作り出されることになった。ある絵の中の人物の手を別の絵の中の人物の顔と融合し、さらにデジタル処理で肌の色調を可能な限り一致させるなど、彼女の作業は非常につぶさに行われている。

中世の美術作品

ほぼすべてのカードに対して、カットは自分のコラージュに用いた出典を明かしてくれている。例えば「高位の女司祭」は、14世紀のイタリアの画家ヴィターレ・ダ・ボローニャによって描かれた聖母が元になっている。天井、柱、床は、フィレンツェの有名な画家フラ・アンジェリコによる1430年代後半頃のフレスコ画『受胎告知』に由来する。帽子、本、笏は、14世紀のシエナの画家シモーネ・マルティーニに由来する。黒い式服は、スペインの画家ペドロ・セラによる1390年代の『音楽を奏でる天使に付き添われた聖母』に由来する。寓話に出てくるようなチーターないしヒョウは、ベノッツォ・ゴッツォリによる1459年から60年頃の『最古の王の行列』と呼ばれる絵に由来する。

また、彼女の説明によれば、『RWS』（p.56）と類似する描写にこだわったが、

▶「魔術師」

▶「カップの2」

▶「ソードの4」

▶「コインのエース」

I

THE MAGICIAN

TWO OF CUPS

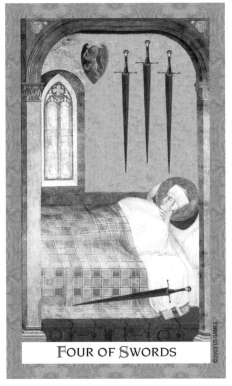

FOUR OF SWORDS

ACE OF COINS

XIII

DEATH

©2003 US GAMES

◀ 「死」

このカードの最初のバージョンは、見る人があまりにも恐ろしく感じてしまい、その豊かな意味を理解できなくさせてしまうのではないか。そう思ったカットは、この2番目のバージョンで、変化への穏やかな取り組み方を提示している。恐怖に支配されるのではなく、流れに身を任せ、人生を前向きに生きて行けば、本当に大事なことは何もかも達成できるはずだということが、ここでは示唆されている。

カードによっては異なる主題を採用した場合もあるという。例えば「高位の女司祭」のカードは、中世の伝説上の人物である教皇ジョアンと関連づけられている。柱もあれば、式服を身に着けた女性が本を手に持ってもいるが、鳩やその他のキリスト教的な象徴も加えられていて、さらには女性性の神秘が月の代わりにネコ科の動物によって表現されている。

また、「正義」のカードでも「均衡」という主題に関する別の要素が描かれている。剣ではなく笏があり、その上部には金色の梟がいる。ここでは武力による脅しではなく、賢明な助言こそが均衡や調和を達成する最良の方法となっている。カットの元々のバージョン1.0には、調和のための手段や自己認識のための象徴である梟が欠如していた。そこで2番目のバージョンでは、これらが追加されることになった。「塔」は『RWS』のそれよりも、中世的なより恐ろしい視点から描かれている。神の怒りは、中世の頃には一般的だった表現、すなわち残酷

で報復的な天使という存在で示されている。人生はもろく、人は恩寵を失うこともあるがゆえ、今持っているものに感謝しなければならないということを誰もが知っておく必要がある。これがこのカードへの彼女の解釈となっている。

人は誰もが自分の人生に対して責任があり、また人生は自分が外的影響にどう対処するかによって変わってくるという信念が、彼女のタロット・デックに対する考え方の根底にある。映し出すというタロットの作用を使えば、今ここで起こっていることを十分に知った上で、未来に向けての選択を行うことができるし、他者をありのまま受け入れることを学ぶこともできるだろう。

現代のタロットが分析と自己認識のためのツールとなり、自身を理解し問題の解決を促すようになるならば、元型的な領域ばかりか、中世末期からルネサンス初期の時代の芸術を通じて活性化される人間の魂の想像力とも深くつながる感覚を、カットの絵の表現が呼び覚ましてくれることだろう。

II

THE HIGH PRIESTESS

©2003 US GAMES

▶ 「高位の女司祭」

ヒョウは内密であること
の象徴である。また、さ
まざまな視点から明瞭
に人生を観察するため
の能力、並びに必要な
らば隠された状態にして
おく能力の象徴でもある。

CHAPTER 3

Art and Collector's Decks

第3章　アートとしてのタロットと
コレクターズ アイテムとしてのタロット

このセクションでは多彩なタロット・デックの数々を紹介しよう。ここで披瀝するタロットは、心から歌い、魂に語りかけ、宇宙の生命力との一体感を得られるもので、私たちをタロットの旅へと誘ってくれる。芸術と歴史が緻密に織り込まれたこれらのカードは、いずれも偉大な芸術作品として、伝説的なものであったり、興味深く貴重なものであったりするだけでなく、ただ単に人気が高いというものもある。大きな影響力をもつ『ヴィスコンティ・スフォルツァ版』のデック（p.36）のほかにも、ルネサンス初期の典型的なイタリアのカードはいくつもある。それらは、コレクターズアイテムとして貴重なのはもちろんのこと、そこに描かれる興味深い物語が何よりの魅力となっている。結局のところ、私たちは誰もが芸術家の目に映し出されているのだということを気づかせてくれるのは、シンボルを通してであれ、語られる物語を通してであれ、イメージの力、芸術家のビジョン、そしてそのビジョンとつながる私たち自身の能力なのである。しかし、ときに芸術家は、自分が創り出す物語だけでなく、自分の身近な出来事を描き出すこともある。

このカテゴリーには希少なタロットも含まれている。絶版になったものが入手可能ということになれば、当然タロットコレクターにとっては垂涎の的となる。一部のみが残るルネサンス期の『エステ家のタロット』（p.104）や『マンテーニャ・タロッキ』（p.110）と呼ばれるものから、作者不詳の18世紀のフランスのタロットカードやそこに描き出された当時のパリの姿（p.120参照）など、それらの作品は単なるタロットカード以上の存在だと言えよう。タロットには、さまざまな時代の生活そのものが映し出されており、当時生きていた人々やクリエイターたちの人生、そして彼らがどのようにタロットカードに影響を与えたかということが見て取れる。また、そこにはもちろん、芸術界における流行の移り変わりも映し出されている。

たとえば、当時斬新なタロットとされた『ル・タロー・アストロジーキ』（p.128）は、西洋諸国でアール・デコが大流行した時代に登場した。その後、出版社やクリエイターたちは、ヨン・バウエル（p.134参照）、ボッティチェリ、クリムトといった著名な芸術家の作品を用いて新しいタロット像を表現した。また、サルヴァドール・ダリのような芸術家はオリジナルのタロットカードを制作した（p.142参照）。

本章では、現代のアートコレクター向けのタロットも紹介する。たとえば、デジタル・ファンタジーの手法をタロットのイラストにいち早く取り入れ、現在も自身の腕を磨き続けるチーロ・マルケッティのタロット（p.158参照）や、エリザベッタ・トレヴィザン（p.140参照）の繊細な画、パトリック・ヴァレンザの描く風変わりな世界（p.150参照）などである。

このように、本章では芸術としての美や真実性、そしてユニークさに焦点を当てている。

The Golden Tarot of the Renaissance

ゴールデン・タロット・オブ・ルネサンス

エステ家の冷酷な美しさを生き生きと描く。

クリエイター：ジョルダーノ・ベルティ
＆ジョー・ドウォーキン、2004年
発行：ルウェリン、2004年

『 ゴールデン・タロット・オブ・ルネサンス 』は、現在、パリのフランス国立図書館 (ビブリオテーク・ナショナル) に所蔵されているオリジナルデックのうち、現存する手描きのカードを元にしてデザイン・制作されたものだ。かつては「 シャルル6世のタロット 」あるいは「 グランゴヌール・タロット 」という誤った名称で呼ばれることもあった。そして、15世紀後半にイタリア北部のフェラーラを支配していたエステ家の名にちなみ、『 エステンシ・タロット (エステ家のタロット)』としても知られている。

　元来このカードは「 トリオンフィ (Trionfi)」のようなゲーム用カードではなく、細密画という位置づけであり、王侯貴族の依頼で作られた贈答用の高雅なカードであったと考えられる。オリジナルデックで残っているカードは17枚しかなく、クリエイターのジョルダーノ・ベルティとジョー・ドウォーキンは、スキファノイア宮——エステ家の人々が政治を行う宮廷から離れてくつろいだ別邸——の「12か月の間 」のフレスコ画をヒントに、残りのカードをデザインした。このスキファノイアという名称は、イタリア語の「 schivar la noia (退屈から逃れる)」に由来すると言われる。

　1469年にフランチェスコ・デル・コッサとコズメ・トゥーラが、この宮殿の壁に美しい寓意画や占星術的イメージ、人物像、モチーフなどを描いたが、後に、ボルソ・デステ公が肖像画家のバルダッサーレ・デステに、顔をより好ましく描き直すようにと依頼している。とはいえ、エステ一族とはどのような人々だったのだろうか。そして、彼らが依頼したタロットカードと『 ヴィスコンティ・スフォルツァ版 』(p.36)のタロット・カードの間には、どのような不思議なつながりがあったのだろうか。

エステ家

　エステ家は、ヴィスコンティ家やスフォルツァ家 (p.36参照) と同様に非常に迷信深く、未来の災いや喜びを知ろうと占星術師を重宝したことで知られている。このタロット・カードには、ある一族の栄光と災厄に満ちた情景として、エステ家のスキャンダラスな物語が赤裸々に描かれている。

　1418年、イタリア貴族フェラーラ公のニッコロ・デステは、35歳で14歳のパリジーナと結婚した。当時、二人の年齢差は問題にはならなかった。公爵の最初の妻ジリオーラが1416年にペストで亡くなり、二人には子どもがいなかっ

▲ 女教皇

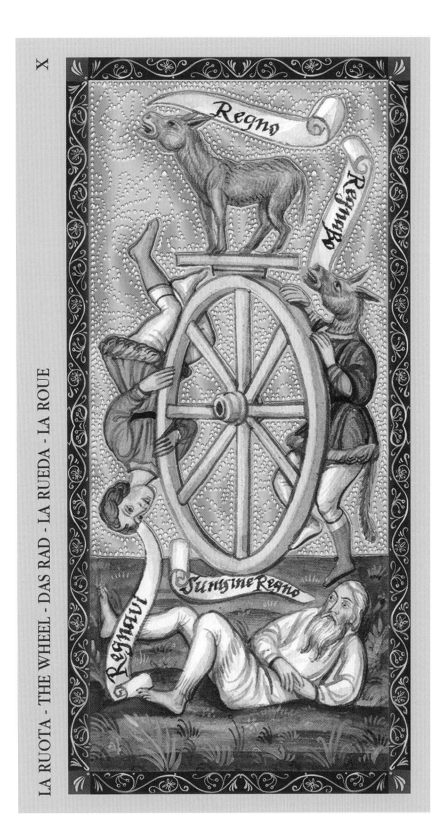

X

LA RUOTA · THE WHEEL · DAS RAD · LA RUEDA · LA ROUE

▶ 運命の車輪

「運命の車輪」は、ルネサンス時代に一般的だった運命の概念を描いたものであり、それはおそらく『ヴィスコンティ・スフォルツァ版』が元になっていると思われる。車輪の頂点で鳴いているロバは、私たちが運命を支配する主人ではないこと、そして成功を収めたとしても、まだ運命の奴隷であることを示している。

◀ ソードの6

一組の男女が馬車に乗せられている。向かっているのはおそらく処刑場だろう。

◀ ソードの8

実際に処刑が行われる様子。

◀ カップの2

体を密着させて座る男女は明らかに性的な関係にあることを示している。

◀ 月

ルネサンス期の宮廷では占星術師や占い師が人気で、月とその周期、日食や月食は幸運や不運を示す明確な兆しであった。

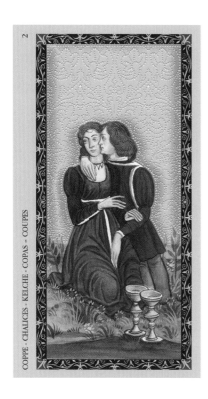

たため、ニッコロの占星術師が世継ぎをつくるように助言したのである。自身も非嫡出子であったニッコロには、多くのイタリア貴族同様何人もの不倫相手がおり、息子のウーゴ、レオネッロ、ボルソを含め、非嫡出子も少なくなかった。

　1423年、宮廷女性たちの間で流行していたカードゲームの虜になったのか、パリジーナはフィレンツェに高価な「皇帝（Imperadori）」カードを注文した。このことは、その年のエステ家の記録に初めて記されている。この特別なカードは、最高級の金箔が施される予定であった。彼女は7フローリン金貨と旅費を負担して、従者のゾエシにカードを受け取りに行かせた。皮肉なことに、このゾエシこそが、別の類の責任まで果たしてしまい、エステ家に悲劇をもたらす張本人なのである。パリジーナにとって、気ままなカードゲーム、ろうそくの明かりに照らされたフレスコ画、カーニバル、勝利のパレードといったものが「ゲームオーバー」となる日は遠くなかった。

裏切り

　翌年ニッコロは、パリジーナのラヴェンナ行きの旅に19歳の息子ウーゴを同行させた。その帰り道、フェラーラで黒死病が広がったため、二人はポー川沿いの別荘に夏の間滞在することになった。ここでウーゴとパリジーナが恋に落ち、禁断の情事が繰り広げられるのである。しかし、ゾエシが、パリジーナの部屋から泣きながら出てきた部屋付きのメイドの姿を目にして事情を聴いたことがきっかけで、ベッドの中にウーゴとパリジーナの二人がいることが判明した。そこでゾエシはニッコロに彼らの不倫関係を報告する。1425年5月、ルネサンス時代の寝取られた公爵なら誰でもそうするように、ニッコロはパリジーナとウーゴとともに、他の共犯者も同じように斬首に処すことを命じた。怒り狂った彼はさらに、もし宮廷に姦通している人妻が他にもいるのなら、その者の首もはねよと命じた。

　エステ家の記録にタロットカードやトランプが再び現れるのは、それから20年近くが過ぎた1440年代初めのことである。もしかしたら、宮廷で気まぐれにカードゲームが流行ったとき、人々はパリジーナの浅はかな情事のことを思い出したかもしれない。そして、その気まぐれこそが、パリジーナの恐ろしい運命

の発端だったとは考えられないだろうか。

ビアンカの贈り物

　1440年代初頭、ヴィスコンティ家とエステ家が交わりをもった頃に、トリオンフィのカードが宮殿の人々や公爵たちの間や、移り気な宮廷の世界で再び用いられるようになった。当時、ミラノ公国とヴェネツィア共和国は長きにわたって政治的な抗争状態にあったが、ニッコロ・デステは自らを二国間の調停役と称していた。そこで彼は、ミラノとフェラーラの関係を良好にするため、ミラノ公フィリッポ・ヴィスコンティに、自分の息子レオネッロ（フェラーラ侯）とフィリッポの娘ビアンカ・ヴィスコンティの見合い結婚を持ち掛けた。ヴィスコンティ側からすれば、この婚約に応じるのは、（ビアンカの婚約相手でもあった）頭の固いスフォルツァを激怒させ、戦意をくじくためだけのものでしかなかった。そこでヴィスコンティは、この結婚話に真実味をもたせるために娘をフェラーラに送り、あたかもエステ家と結婚するかのように見せかけたのである。

　フェラーラの宮廷で盛大に歓迎されたビアンカは、父が美しい細密画や精緻な黄金のカード（p.36参照）を愛していることや、エステ家が信じている迷信や新プラトン主義的な考え、さらにはお抱えの占星術師たちについて話したことだろう。フェラーラで、医師、音楽家、芸術家に囲まれ、教養があって「芸術通」のレオネッロのそばにいたビアンカは、この芸術の楽園に心を弾ませ、少し羽目を外したり、気のある素振りを見せたり、強情な面をのぞかせたりしたと言われている。

　おそらく、ビアンカとその家族の両方を口説いて結婚に同意させるという妙案を思いついたのはレオネッロだったのだろうが、そうするうえでタロットが重要な鍵となったかどうかはわからない。宮廷画家のサグラモーロは、ビアンカへの贈り物、いわば愛の証として、金箔を貼った14枚の細密画を描くよう依頼されている。カードは1441年1月にビアンカに贈られた。しかし、カード作戦はレオネッロの思うようにはうまくいかなかった。ビアンカは1441年3月にはフェラーラを去っており、10月にはミラノとヴェネツィアの和平協定の一環として、フランチェスコ・スフォルツァと結婚した。

◀ 愚者

このタロットの「愚者」は宮
廷道化師を表しており、フェ
ラーラのスキファノイア宮のフ
レスコ画をヒントに製作され
た。このカードは、質問者の
気楽な無邪気さを表しつつ
も、質問者はタロットの道を
たどって自己理解を深めるべ
きだということを示唆している。

ヴィスコンティ家とスフォルツァ家との結婚を悲観したのか、諦めきれなかったのか、それとも最終的に出し抜かれたのか、1442年のレオネッロの支出リストには、ビアンカと父親のフィリッポ・ヴィスコンティが好んだトリオンフィのカードが何度も記載されている。それ以来、カードはエステ家から頻繁に注文されるようになった。現存するさまざまなカードは博物館やコレクションに所蔵されている。

呪われたゲーム

タロットの画はスキファノイア宮の寓意画（占星術記号と12か月の寓意画で描かれたフレスコ画）にインスピレーションを得て描かれている。例えば「愚者」は、4月のフレスコ画に描かれた宮廷道化師スココーラであり、カードにはボルソ・デステやさまざまな貴族たちと共に描かれている。また「ワンドの2」には、7月のフレスコ画にある、不貞を働き罰せられた瀕死のアティスが描かれている。「太陽」に描かれた弓矢をも持つ女性は目標を高く掲げることを意味しており、太陽は幸福とその力の源を表している――これはおそらく、フェラーラ滞在中のビアンカの気ままな心とカード遊びの日々を示唆しているのだろう。そして、レオネッロに向けて無邪気に放たれたキューピッドの矢も。これこそが、一見したところ呪われたように見える「トリオンフィ」のゲームをエステ家に再び持ち込んだ、最後の嘘の誘惑だったのである。

これらのカードはいずれも、ルネサンス期に生きた支配者たちの権力、栄光、悲劇を鮮明に映し出している。「塔」と「ソードの6」には、不倫発覚後のパリジーナとウーゴの悲劇を彷彿とさせる場面が描写されている。また「世界」では、世界と空のある緑の円の上に女性が描かれているが、これは、俗世の成功が空に浮かぶ雲のように儚いことを表している。この絵はまた、エステ一族という支配者の生き方――星に導かれて生きるということは、自分の魂の旅という運命によって定められるままに生きなければならないということ――を暗に示しているとも考えられる。

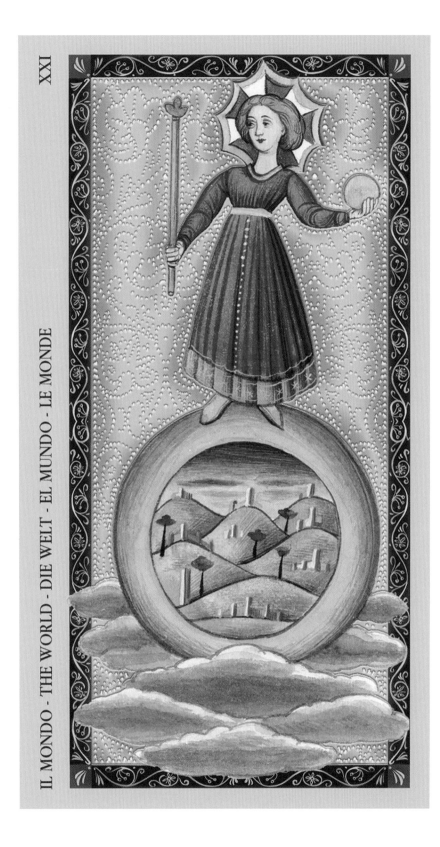

IL MONDO - THE WORLD - DIE WELT - EL MUNDO - LE MONDE

XXI

▶ 世界

達成や満足を表す。

Mantegna Tarocchi

マンテーニャ・タロッキ

ルネサンス初期の世界観を、銀の箔押しで映し出す。

クリエイター：不明、1400年代
イラストレーター：不明
発行：ロ・スカラベオ

75枚（もともとは50枚）のカードで構成されるこのカードは、内省を促し、ギリシャのミューズたちや古代ギリシャの枢要徳、天球を学ぶうえでの指針と考えられている。かつてはルネサンス期の画家アンドレア・マンテーニャの版画から制作されたと考えられていたが、近年の研究ではその説は否定されている。現在その起源を探る新たな研究が続けられる中で、興味深い仮説もいくつか出てきている。

15世紀末に登場したこのデック（1枚のシートにいくつものエッチングが施されたもの）は、『ヴィスコンティ・スフォルツァ版』（p.36）や『エステンシ・タロット』と同時代のものだ。とはいえ、そのスタイルや内容は、トリオンフィのデックとは全く異なる。その内容は、50の象徴的な人物がそれぞれ10枚ずつ、5つのカテゴリーに分類されて構成されている。カテゴリーには、「人間の諸階層」「アポロとミューズたち」「技芸と学問」「素質や美徳」「諸惑星と天球」がある。

16世紀のイタリアの歴史家、画家、作家であるジョルジョ・ヴァザーリは、マンテーニャがいかにして「トリオンフィ」の銅版画を制作したかや、アレゴリーの銅板のシリーズについて書き残しているが、彼はその銅板が前述のイメージに関係があると考えている。かつての専門家は、このカードはトランプでも、イタリアの宮廷向け娯楽用カードでもなく、むしろ当時流行していた古典神話の理解を深めるための教材として制作されたと考えていた。現在残っている唯一の標本は、「シリーズE」や「シリーズS」と呼ばれる断裁前のシート状のもので、現存するカードの一部はロンドンの大英博物館とフランス国立図書館に所蔵されている。

このカードは後の芸術家に影響を与えたと考えられている。例えば、ボローニャの画家のアミコ・アスペルティーニ（1474-1552）はノートやフレスコ画に同様の絵を描いており、またアルブレヒト・デューラー（1471-1528）は1496年と1506年に2種類のカードシリーズを作成している。

魔術師ラザレッリ

しかし、美術史家の中には、別の人物がこのカードのモチーフに関係しているのではないかと指摘する人もいる。画家であり詩人・作家であり、ヘルメス主義の哲学者でもあったルドヴィーコ・ラッザレッリ（1447-1500）のことである。たしかに興味深いことではあるのだが、より掘り下げた研究がなされた結果、

WRETCH / MISERABLE — ELENDER / ELLENDIGE

E   MISERO - I   1

GENTLEMAN / GENTILHOMME — EDELMANN / EDELMAN

E   ZINTILOMO - V   5

STRENGTH / FORCE — KRAFT / KRACHT

B   FORTEZA - XXXVI   36

VENUS / VENUS — VENUS / VENUS

A   VENUS - XXXXIII   43

▶ 物乞い

▶ 紳士

▶ 力

▶ ヴィーナス

SUN   SONNE
SOLEIL   ZON

A   SOL - XXXXIV   44

◀ 太陽

アポロンはいつも火のついた
戦車で天空を駆けていたが、
あるときを境にその姿を見る
ことはなくなった。息子のパ
エトンがその戦車を操縦しよ
うとしてコントロールを失い暴
走したため、太陽が地上に
落ちて世界が危機に陥った
からである。その結果、パエ
トンはゼウスによって雷で打
ち落とされた。このカードは
傲慢さ、つまり過剰なプライ
ドの象徴となっている。

▶ 幾何学

人間の思考の背後にある元
型を表す 10 枚のカード（こ
のうち算術、音楽、天文学、
幾何学の4枚は学問の主題
である）のグループより

タロットの専門家たちは、マンテーニャのカードが制作された背景には、実はそのアイデアとインスピレーションの源としてラッザレッリの原稿があったのではないかと考えている。しかし、本当にそんなことがありえるのだろうか。

ラッザレッリは若くして名声を得て、1469年にはヴェネツィアの桂冠詩人として称えられていた。魔術師でありヘルメス主義者、そして預言者でもあった彼は、自身のことを、華やかでエキセントリックで物議を醸した説教師かつ魔術師のジョヴァンニ・メルキュリオ・ダ・コレッジョの弟子だと称している。ラッザレッリの詩集の中には、芸術を愛した人文主義者のウルビーノ公フェデリコ・モンテフェルトロのために特別に作られた装飾写本がある。この詩集はミューズ、天球、ギリシャ神話の神々のイメージで装飾されているが、これはパドヴァで開かれたトロイア戦争をテーマにした競技会からインスピレーションを得たものだと言われている。

ラッザレッリは別の著作において、占いにヘブライ文字を用いることを、自身の魔術的言語論に結びつけている。言葉は「モノ」に直に繋がるもので、モノに対して魔力をふるうことが

できると考えたのだ。言い換えれば、物や人を魔法の呪文で操ることができるということである。これは、ルネサンス期の別のヘルメス主義や神秘主義にも通じる考え方であり、ドイツのハインリヒ・コルネリウス・アグリッパ（1486-1535）などは、ラッザレッリの著作を熱心に研究したと言われている。

ヴェネツィアの書店

さまざまな文献によると、ルドヴィーコ・ラッザレッリは自分の原稿の装飾にあたって、ヴェネツィアのとある書店で、彩飾、ペン画、木版画、銅版画を探したと言われている。そして彼はこのコレクションを元に、1471年（あるいは1474年）の『異教の神々の絵（ *De gentilium deorum imaginibus* ）』という写本にユニークな挿絵をつけた。この写本にある27の彩飾のうち23枚が、あの『 マンテーニャ・タロッキ 』(p.110) のモチーフと驚くほど似ているのである。

ラッザレッリは、ウルビーノ公爵がもっていたもうひとつの貴重な写本にリベラルアーツのイメージを採用している。こちらも、まったく同じとは言えないが、『 マンテーニャ・タロッキ 』に描か

▶ 希望

「希望」は、（聖なる）光の方に向かって祈る女性として描かれている。下方では不死鳥が薪の上で燃えているが、不死鳥は自らの灰から蘇ることから、錬金術においては再生を意味している。

れている絵柄と似ている。このリベラルアーツとは、古代ギリシャ・ローマ時代において科学および哲学の礎となるものである。例えば、「文法」はヤスリと水差し、「音楽」は横笛、「天文学」は星々の浮かんだ天球、「神学」は天と地の球がシンボルとなっているが、こうしたシンボルは、ヘルメス主義や新プラトン主義の文脈では、人間の思考の根底にある元型に類似していると考えられていた。

ラッザレッリは素晴らしい絵の数々を用いたが、それはシンボルを用いることでごく限られた人々だけが理解できるようにして自分の秘密の信仰を広めようとしたのだと考えられる。興味深いことに、『ソラ・ブスカ・タロット』（p.164）ができた背景にも彼の影響があったと考えるイタリアの専門家もいるのである。

ヘルメス主義と隠された意味

『マンテーニャ・タロッキ』の多くがラッザレッリの作品に触発されたもの、あるいは彼自身の手によるものだとすれば、これらのシンボルがイタリアの宮廷の大理石でできた通路を、密かに、極めて慎重に埋め尽くしたことは驚くには当たらない。というのも、イタリアの宮廷の人々からすれば、そのような思想は魅力的で型破りであるうえに、異端的でもあったからである。このタロットは一見、神話的な学問を装ってはいたものの、実際はラッザレッリのヘルメス主義的で人文主義的な思想を完全に反映していた。これらの絵を別の視点からよく見てみると、元型的な連想に彩られた別のタロットが見えてくる。たとえば、2つめのカードグループは9人のミューズとアポロンであるが、ミューズには、「美しい声をした」カリオペ、「天上の」ウラニア、「欲望の喚起者」エラトなどがいる。ヘルメス哲学や新プラトン哲学におけるミューズは魂の創造的なインスピレーションを表しており、変化のために元型的な力を引き出すことができるとされている。タロットのこの側面は、ルネサンスに影響を受けた芸術家、作家、音楽家の根幹とも言える理想──自分の創造的な精神を解放し、それによって「魂」の感覚を得ること──を反映するものだ。この『マンテーニャ・タロッキ』は、そんな理想を確かに伝えるものである。

CALLIOPE
CALLIOPE

KALLIOPE
CALLIOPE

D   CALIOPE - XI   11

URANIA
URANIE

URANIA
URANIA

D   URANIA - XII   12

ERATO
ERATO

ERATO
ERATO

D   ERATO - XIV   14

EUTERPE
EUTERPE

EUTERPE
EUTERPE

D   EUTERPE - XVIII   18

▶ カリオペ

▶ ウラニア

▶ エラト

▶ エウテルペ

Minchiate Etruria（Anima Antiqua）

ミンキアーテ・エトルリア（アニマ・アンティクア）

—— 大アルカナ、すなわちトランプ・カードがふんだんに入ったフィレンツェの「タロッキ」。

クリエイター：不明、1500年代
イラストレーター：不明
発行：ロ・スカラベオ、2018年

『ミンキアーテ・エトルリア』は、16世紀初頭にフィレンツェで生まれたカードゲームで、一組が97枚で構成されている。このデックはタロットと非常に近いものだが、トランプ・カードが40枚あり、場合によっては41枚になるときもある。4つのスートはそれぞれ14枚のカードから成り、そこに小アルカナと「愚者」（あるいは「狂人（Matto）」）が加わる。ここでいう4つのスートとは、カップ、コイン、ソード、ステイヴのことである。

　ミンキアーテ（minchiate）は、「無意味な」という意味のラテン語からの派生語だが、同時に「陰茎」を意味する別の単語にも由来する。似た表現にミンキオーネ（minchione）があるが、この語源はイタリア語の「愚者」であり、その動詞形のミンキオナーレ（minchionare）は「（人のことを）笑う」という意味である。「愚者」のカードが「免除（the Excuse）」とも呼ばれたことから考えると、元々これらのカードには「愚者のゲーム」という意味があったのかもしれない。

　16世紀以降、「ミンキアーテ」は、すべてのトランプ・カードの中で最も価値のある「35番のジェルミニ（双子座）」のカードにちなみ、「ジェルミニ」と呼ばれるようになった。「ジェルミニ」の最古の記録は1506年まで遡る。そしてこのゲームはトリオンフィと同様に、フィレンツェからイタリア全土、そしてフランスに広まっていく。しかし、このようなリスクの高いタロットは、生死をかけたゲームでもあったようだ。

　当時のウルビーノ公であったロレンツォ・デ・メディチ（1492-1519）は、当時の貴族の例にもれず性的に放縦で、売春婦や男娼とも関係をもっていたので、若くして梅毒にかかったことも驚くにはあたらない。彼が1517年のウルビーノの戦いで瀕死の重傷を負ったときには、実際に棺に納められたという噂まで広まったが、一方では、彼はまだ生きているとも言われた。実のところ、彼は病床にありながら、友人たちや義兄のフィリッポ・ストロッツィと「ジェルミニ」をしており、噂で言われていたようにカードを手にしたまま埋葬されたという事実はない。

　ルネッサンス時代の廷臣にとって、カードゲームは病みつきになりやすく、金のかかる習慣になっていた。当時の宮殿では、闇にまぎれて夜通し賭博が行われていた。しかし、梅毒で衰弱したロレンツォの体調は悪化の一途をたどり、1519年には死期が迫っていた。彼はほぼ寝たきりの状態で、自分を元気づけ、楽しませてくれる人の見舞いだけを受け入れ、その中の一人、フィリッポ・ストロッツィによれば、ロレンツォは亡くなる間際まで「ジェルミニ」をしていたという。

▶ 水瓶座

ここでは草刈り鎌とじょうろがシンボルになっている。多くの神話において、鎌は古いものを切り、新しさへの道を切り開くという意味をもっている。水瓶座は時間の神である土星に支配されているが、この人物は時間を切り開きながら生命に水を与えている。

MINCHIATE ETRURIA (ANIMA ANTIQUA)

Mitelli Tarocchino

ミテッリ・タロッキーノ

空想豊かなバロック風「タロッキ」。

クリエイター：ジュゼッペ・ミテッリ、1600年頃
発行：ロ・スカラベオ、2018年

▲　月

アルテミスはギリシャ神話で狩猟、野獣、月の女神である。その彼女の姿を通して、自分の直感と自然のサイクルを信頼する必要性が表されている。彼女の兄である太陽神アポロンは、太陽のエネルギーと人間の意識を象徴している（p.119を参照）。

ミテッリのデックは、「タロッキーノ」と呼ばれる「タロッキ」の変種で、62枚のカードで構成されている。番号がふられたこの限定版は、1660年頃にボローニャで作られたものを元に制作された。

　ジュゼッペ・ミテッリ（1634-1718）は、カリスマ性と創造性に富んだ高名なイタリアの版画家である。このバロック風のカードは、彼がフィリッポ・ベンティヴォーリオ伯爵という人物のために手がけたものだ。ミテッリは、人並み外れた才能の持ち主だった。絵画、版画、彫刻で名を馳せる芸術家でありながら、俳優や馬術家として活躍したり、誰もが楽しめるゲームの考案に情熱を注いだりもしていた。彼の現存する版画は少なくとも600点以上あり、当時の有名画家の絵画を元にした銅版画も多い。後年、彼は説明文入りの道徳的な版画や、サイコロやカードゲームに関する書物のデザインにも力を注いでいる。

　ミテッリの死から数十年が経過した頃、ボローニャの無名の職人がカードゲーム用に62枚のカードを再版して手描きで色をつけたが、その数量は不明である。

　トランプ・カードは通常のタロットとほとんど同じであるが、少し異なるところもある。例えば、「戦車」の後に三枚の美徳のカードが出てくることや、「隠者」と「運命の車輪」が入れ替わっていること、「天使（審判）」のカードが最も高い価値をもっていること、カップとコインのスートは女性のペイジになっていること、「女教皇」「女帝」「皇帝」「教皇」の代わりに「4人のムーア人」が入っていること（賭け事だけでなく、そもそもプレイング・カードにこのようなキャラクターが用いられていることに教会が反対したためである）などである。

　ベンティヴォーリオ伯爵が受け取ったのは、1ページにつき10～11点の銅版画が入った6枚のシートで、カード遊びをするためには、その銅版画を1枚ずつ切り分けてから、硬い台紙に貼り付ける必要があった。現在、各地の美術館には、綴じられて本の形になったデックのほかに、断裁前のシートも数枚残っている。

　ベンティヴォーリオ伯爵のことについてはあまり情報がないが、ルネサンス時代の多くの貴族と同様に、彼もカードの中に自分自身を投影していたに違いない。それはアポロ神（「太陽」のカード）かもしれないし、あるいは「世界」のカードで力強く天空を掲げるアトラスのように力強い姿かもしれない。そして彼がもし高齢になるまで生きていたとしたら、「隠者」（時間の神クロノスに近いイメージ）として自分を投影していたかもしれない。

▶ 星（ランタン）

ランタンの光を照らしながら、
一人の老人がゆっくり旅路を
歩んでいる。そのランタンは、
そこに目を向けている限りは、
輝かしい未来を表している。

▶ 世界

▶ 隠者

▶ 太陽

Le Tarot de Paris

ル・タロー・デ・パリ

華麗でダイナミック、そしてミステリアス。

クリエイター：不明
発行：グリモー、1969年

この華麗なカードは、17世紀初頭にパリの無名の職人によって作られたものである。フランス国立図書館に所蔵されているオリジナルは、ダイナミックな絵柄で、通常のトランプとは異なる興味深い特徴が見られる。イタリア風のバロックスタイルで、神話や空想上の動物が描かれたこのデックには、ゲルマン文化の影響も見られる。例えば「コインのエース」のカードには、旗を持つ雄ジカとライオンが描かれているが、これは1445年頃に出た狩猟のカード「Abraser Hofjagdspiel（鷹狩りの技術を描いたもの）」にある「鷹の10」と似ている。

では、この無名のパリのカード職人・芸術家は、たまたま目にした他のデックからアイデアを盗んだり、借りたりしただけなのだろうか。それとも、この絵柄には他の意味が含まれているのだろうか。もしくは、これはどこかの高貴な廷臣や婦人のための'ちょっとしたお楽しみ'として依頼されたものなのか。あるいは、画家が気まぐれで空想的なタロットを作ってみようとしただけなのだろうか。実際のところは不明であるが、このタロットには17世紀初頭のパリの文化が鮮やかに映し出されている。

色彩は鮮やかで、人物の顔や特徴は、色褪せてやや粗雑であるものの、細かなところまで描かれており、妙に生き生きとしている。もしかしたら、画家は自分の知人や周囲の人々を描いたのかもしれない。

社会を映す鏡

17世紀初頭のパリは急速な発展を遂げていた。街には商人、職人、女性の仕立て職人、画家、版画家といったブルジョワジーたちが溢れ、カードゲームや手刷りの本、文学など、あらゆる芸術品を含めた貴族向けの贅沢な品々が流行していた。例えば「大道芸人（Bateleur）」や「愚者」など、多くのカードに見られる「人物像」は、どこかの商人のような風体で、値引きの交渉や取引をしたり、商品を販売したり、市場で働いていたりするようにも見える。「星」のカードに描かれている学識ある占星術師か学者の姿は、大学の権力やソルボンヌ大学と教育の発展を象徴している。

「隠者」にはロザリオを持つ修道士のような人物が描かれているが、これは当時バチカンによって、ドミニコ会、カルメル会、カプチン会、イエズス会など50を超える修道会がパリにできたからであろう。

▲ 大道芸人

▶ 隠者

IVS·TICE

LE·FOVS

·XIX·

LE·SOLEIL

·XVIII·

LA·LVNE

◀ 正義（天秤）

正義のシンボルは、古代エ
ジプトの女神マアトが死者の
魂を量り、真実を表したこと
に由来する。

◀ 愚者

◀ 太陽

◀ 月

　また、パリには物乞いや泥棒、社会のはみ出し者もいた。
「奇跡の法廷（Cour de Miracles）」と呼ばれる独自の法律を
もった都心部では、子どもの物乞いや泥棒が路上で施しを乞
いながら、壊疽や失明などを患っているふりをして人を騙す術
を学んでいた。そして、彼らはまったく健康で元気な姿で荒廃
した住処に帰っていくわけだが、そこには「塔」のカードのよう
な人相の悪い泥棒のボスが君臨している。そんな惨めな生活
におけるカオスと策略、そしておぞましさが反映されているので
ある。
　「愚者」は、短い棒の先に人形の頭を乗せ、ペットらしき動
物を抱えている様子が描かれているが、これはパリの通りを練
り歩く手品師や曲芸師を彷彿とさせる。パリは、変化に富む社
会生活や、カフェやキャバレーの生誕の地として、そしてコメ
ディ・フランセーズや演劇、行列、回転木馬、そして上記のよ
うなさすらいの芸人たちの街として有名であった。

猿のルイ
　「太陽」のカードでは、深刻な表情をした太陽の下で、た
じろぐ女性に向かって奇妙な猿が鏡を向けている。これは、
非常に迷信深いマリー・ド・メディシスと彼女の幼い息子である
ルイ13世、そしてリシュリュー枢機卿との間の波乱に満ちた関
係を示しているのだろうか。1614年、ルイ13世は正式に成

人となったが、マリーと彼女の寵臣コンチーニは、ルイ13世が
国王顧問会議を開くことを許さなかった。1617年になって、
母親の摂政を終わらせたルイは、近衛隊長に命じてルーヴル
美術館でコンチーニを暗殺させた。コンチーニの妻は魔女とし
て罪に問われ、首をはねられたうえにグレーヴ広場で火あぶり
の刑に処された。ルイはさらにコンチーニの従者たちをパリから
追放し、自分の母親をブロワ城に幽閉する。太陽が光を燦々と
照らしているこの若猿は、権力を握れる年齢になったルイ13
世が、実の母親を追放したことを表しているとは考えられない
だろうか。
　「月」のカードには、リュートを弾く音楽家が描かれている。
彼は、裸の女性の絵、もしくは満月の夜に入浴中の女性がい
る、明るい部屋の窓を見つめている。ルイ13世は、フィレン
ツェで育った母親の影響でリュートの腕前も優れていた。しか
し、母親マリーを追放した彼は、ようやく彼女の呪縛が解けた
と感じたに違いない。彼女が宮廷内で何かを計略するときには
魔術が使われており、それはたいてい満月の夜に行われていた
と言われている。
　このデックは、宮廷内の権力闘争だけでなく、17世紀のパ
リで展開された社会的な泥仕合の様子を浮き彫りにしている。
思想と感情が込められたこのデックは、まさに社会史を映す鏡
と言えるだろう。

Tarocchi Fine dalla Torre

タロッキ・フィーネ・ダッラ・トッレ

現存する17世紀の木版画デックを美しく再現。

クリエイター：モレーナ・ポルトロニエーリ
＆ エルネスト・ファツィオーリ、2016年
発行：国際タロット博物館、2016年

このボローニャのデックは、16世紀のタロッキのイメージに倣ってはいるが、カードの枚数が78枚に増やされて再現されている。フランス国立図書館に現存する56枚のカードは木版画によるものである。

このデックには当初、「女教皇」「女帝」「皇帝」「教皇」の絵柄が含まれていたが、教皇庁から好ましくないと判断され、1660年代後半に「女教皇」と「女帝」が別の「教皇」と「皇帝」に変更された。

18世紀になると、これらすべてが4人のムーア人の絵柄に置き換えられた。4人のムーア人、つまり東洋の皇帝やスルタンは、すでに16世紀からさまざまなプレイング・カードに含まれていた。これらは、ギャンブル用のカードがカトリックを含む教会全般とは関わりがないことを教会に示すために使われていた。このボローニャのデックも1725年に絵柄が変更されているが、そこには別の理由があったと言われている。

ボローニャのカノン・モンティエリは独自のタロッキーニを作った。そのトランプ・カードの絵柄のそれぞれには、イタリアの都市の地理的・政治的情報が描かれており、その中の1枚には、ボローニャという都市について、教皇領が望むよりもずっと独立した自治権と自由な考えをもっていることが示唆されていたのだ。そこで、ルッフォという枢機卿が介入し、カノンのデックを公然と燃やしてしまったのである。この枢機卿は地元民から憎しみを買わないように、また体面を保つために、「教皇」「女教皇」「皇帝」「女帝」のカードを4人のムーア人に置き換え、また「天使」も婦人のカードに置き換えるよう主張したが、後者については無視された。

カノンのオリジナルのデックでは、「女教皇」が十字を切っているか祝福を与えるジェスチャーをしており、女性のような「教皇」が聖痕のある手で閉じた本を抱えている。このどちらのカードもキリスト教とのつながりを示している。しかし、「女教皇」は鍵束も持っている。これはおそらく、教会の教義が認めているものよりも独創的な精神性の扉を開けることを象徴しているのであろう。

2014年4月、(タロット博物館の)モレーナ・ポルトロニエーリとエルネスト・ファツィオーリは、この17世紀のデックの再現に着手した。美術館のチームはCGを駆使して、本来のカードの図柄をはっきりさせて、着色を施している。

▲ 死

▶ 女教皇

▶ 教皇

▶ 審判

▶ 悪魔

The 1JJ Swiss Tarot

1JJ・スイス・タロット

19世紀の道徳観が反映された、威厳のある、
ゲルマン的で絵画的なタロット。

クリエイター：A．G．ミュラー
発行：U．S．ゲームズ、1972年

スイスのA．G．ミュラー社が発行し、U．S．ゲームズ社がアメリカで販売した
『スイス・タロット』は、1831年に初版が発行された。それ以降、年月を
重ねて若干の変更が加えられている。これはU．S．ゲームズ社が販売した
最初のタロット・デックだが、アメリカ市場で予想外の成功を収め、タロッ
ト史における重要なマイルストーンとなった。

　スチュアート・キャプラン（当時U．S．ゲームズ社にいた）は、『タロット百科
事典（ *Encyclopedia of Tarot* ）』の第1巻で、1968年に西ドイツのニュルンベル
ク国際玩具見本市を訪れたときのことを語っている。彼はその見本市の小さな
ブースで、A．G．ミュラー社のことを知り、そこで『1JJスイス・タロット』というカ
ラフルなデックを見たという。タロットを見たのは初めてだったが、彼はそのイ
メージに惹きつけられ、そこで目にしたデックのことを忘れられずにいた。
　ニューヨークに戻った彼はブレンターノ書店のバイヤーであるヘンリー・レヴィに
『1JJスイス・タロット』を見せたところ、レヴィは、カードの由来や使い方を記し
た小冊子を同封することを条件に、試しに少量だけ注文した。カプランがタロッ
トの歴史について研究し始めたのは、このデックがきっかけだったという。それ
以来、彼はタロットカードや占いの方法について多くの本を執筆し、彼独自のタ
ロット・デックも制作している。
　このタロットの名前にある2つのJはローマ神話の「ジュピター（Jupiter）」と
「ジュノー（Juno）」を指している（ギリシャ神話ではそれぞれゼウスとヘラに当
たる）。カトリック教会の機嫌を損ねないように、「教皇」と「女教皇」の代わ
りにこれらを差し替えたのである。この2枚のカードに描かれた絵柄は、他の切
り札ほどには洗練されていないため、後から付け加えられたものと考えられる。
　このジュピターとジュノーの姿には威厳がある。「ジュノー」は孔雀（キリスト
教とビザンティンの伝統においては復活の象徴）に付き添われている。その一
方で、退屈したようなジュピターは拳で体を支え、その足元では一羽の鷲が羽
をばたつかせている。この鷲は男性的な力と威厳を象徴するものである。「悪
魔」のカードには、座って手に顔をうずめる女性と、自然な感じで熊手を手に
した、あまり怖くは見えない悪魔の姿がある。19世紀のヨーロッパでは
女性嫌悪の考えが支配的であったことから、誘惑的な女性を悪に結び付ける
という道徳的ジレンマを暗に示しているのかもしれない。恥ずかしがる女性は彼
女の罪悪感を表しており、一方の悪魔は純真な男性を象徴している。

▲　ジュノー

▶ ジュピター

ここで描かれているジュピターは、堂々たる姿ながらどこか物思いにふけっており、まるで神々の王であることを投げ打ったかのようである。19世紀のヨーロッパの工業化は、この天の神にとって幸先の良いものではなかった。彼は、人類の物質的な進歩について考えをめぐらし、自ら地上に降りてくることぐらいしか成すすべがなかったのである。

Le Tarot Astrologique

ル・タロー・アストロジーキ

星座からインスピレーションを得て作られた、アールデコ調の素晴らしいデック。

クリエイター: ジョルジュ・ミュシェリー
クリエイター: アンリ・アルメンゴル
発行: グリモー、1927年

当時流行していたアートとジョルジュ・ミュシェリー独自の占星術チャートを反映した『ル・タロー・アストロジーキ』は、従来のタロットとはまったく趣を異にするタロットである。

　36枚の小アルカナのデカンのカード（各星座に3枚ずつ）と、12枚の大アルカナのカード（占星術での惑星9枚、月のノード1枚、アセンダント1枚、パート・オブ・フォーチュン1枚）の48枚で構成された、比較的小さなデックである。ミュシェリーが用いたデカン・システムは、古代占星術で用いられていた星座の分け方の一種である。ルネサンス期のオカルト信奉者、ハインリヒ・コルネリウス・アグリッパが好んだ方法で、20世紀にはマーク・エドモンド・ジョーンズといった占星術師によって広まった。このシステムでは、黄道12宮の360度は36に分割することができ（この区分の1区画をデカンという）、12星座には各10度の3つ分が当たる。これらの10度にはそれぞれ、一致するある特定の性質がある。また、『ル・タロー・アストロジーキ』には小さな冊子がついており、未来を占うだけでなく、自分自身をより深く知るために作られたカードであることが説明されている。この点に、占星術師でオカルト信奉者のジョルジュ・ミュシェリーらしさが出ていると言えよう。

　ジョルジュ・ミュシェリーは1911年にフランス海軍に入隊する。戦艦シュフランの乗員だった1914年に、修理のため停泊していたトゥーロンで、心理学と、子ども時代に好きだった占星術を学ぶ機会を得た。港に停泊中、地元のカフェやバーを訪れた際に出会った占い師に触発され、彼はさらに手相占いやタロット占いにのめり込んだようである。1915年、ミュシェリーはケルキラ島に基地のあった新しい水上飛行隊への転属を願い出る。そして1916年11月、戦艦シュフランはリスボン沖でドイツのUボートの魚雷攻撃を受けて数秒で沈没し、乗組員全員となる648人を失う悲惨な運命に見舞われるのだが、幸運の賜物か直感のおかげか、または熟考した結果だったのかはわからないが、ミュシェリーはその運命を避けることができたのである。

オカルトへの愛

　1918年のミュシェリーは、かつてのような幸運には見舞われず、水上飛行機の墜落事故に巻き込まれてしまう。一命は取り留めたものの、回復には数年を要し、体も衰えてしまったため、海軍には戻れないと彼は考えた。そこで

▶ 蠍座

▶ 天秤座

▶ 水星

▶ 月

LE TAROT ASTROLOGIQUE

ART AND COLLECTOR'S DECKS

◀ アセンダントとエジプ
トのスフィンクス

神話に出てくる獣。半分が
人間で半分がライオンの姿を
したスフィンクスは、エジプト
王朝の権力の象徴であるだ
けでなく、神秘的な秘密の
守護神でもある。知識の水
を溢れさせ、新しい情報を明
らかにし、探求する者の洞
察力を高めることができるとさ
れる。

▶ 双子座

双子座と言えば、ふつうはカ
ストルとポルクスの双子を連
想するが、ミュシェリー版では
（竪琴を持った）アポロンと
（棍棒を振るう）ヘラクレス
の兄弟が描かれている。異
母兄弟である彼らは、しばし
ば「双子」と呼ばれ、古代
の星図にもそのように描かれ
ている。

ジャーナリストに転身し、幼い頃から好きだった占星術やその他
のオカルト科学について雑誌に記事を書き、後に（タロット・デッ
クが発行された後）自分の出版社を設立した。

　1920年代半ばまでに、ミュシェリーは作家および占星術師と
して名声を確立していた（ただし、当時の学者からは疑問視
されることも多かったが）。映画雑誌『モン・シネ』で働いてい
たときには、ダグラス・フェアバンクスなどの有名俳優と接触し、
彼らの手形をもらって分析する許可を得ると、彼らの性格につ
いて執筆した。それは第一次世界大戦の恐怖の時代が終わ
り、煌びやかで豪華、そして芸術、映画、神秘主義、文学な
どが流行した刺激的な時代であった。1925年にパリで開催さ
れた現代産業装飾芸術国際博覧会以降、エレガントで洗練さ
れたアールデコのスタイルが生活のあらゆる場面に浸透した。
このときに、ミュシェリーが画家・イラストレーターのアンリ・アルメ
ンゴルとコラボレーションして制作したのがこのタロット・デックで
あり、アールデコとオカルトを融合した好例となった。（その原
画は現在、パリのフランス国立図書館に所蔵されている）。

1920年代のパリ

　アルメンゴルは冒険雑誌やMGMの映画ポスターのイラスト
レーターとして高い評判を得ていたが、そんな彼とミュシェリー
がどこで出会ったのか、正確なところはわかっていない。アル
メンゴルの大胆なスタイルには、アールデコの影響はもちろ
んのこと、1900年代初頭のボヘミアンなモンマルトル生活
——そこで彼はピカソやヴァン・ドンゲンらと交流していた——
のルーツが感じられる。活気にあふれた1920年代のパリの芸
術界には、雑誌の挿絵を描いて生活するアーティストがあふれ
ていたことから、おそらくミュシェリーとアルメンゴルは大通り
に面した優雅なカフェのサロンで出会い、そして『ル・タロー・
アストロジーキ』が誕生したのだろう。数年後、ミュシェリーは、
タロット占いに占星術を用いる手引書である『占星術タロット（The
Astrological Tarot）』を発行している。

　占星術的な性質をもつ『ル・タロー・アストロジーキ』には、ミュ
シェリーの出生図も反映されている。占星術の出生図における
惑星は、それぞれ別の星座に当てはめて考えることができる

（多くの人は自分の太陽星座を知っているが、他の惑星がチャートのどこに位置するかは、出生の日時と場所から計算する必要がある）。ミュシェリーの場合、太陽だけでなく、ほかの4つの惑星までが蠍座にあったが、そのうちの一つが金星で、蠍座20度にあった。これは伝統的な占星術によれば、ネガティブな位置であり、しばしば「エグザイルにある（流浪の身である）」と表現される。このことは、月の光に照らされた孤独なオオカミが群れを求めて吠える様子が描かれた、蠍座20のデカン・カードに表れている。このカードは、孤独な場所——宇宙の暗黒部に包まれた個人——を意味しており、ミュシェリー自身がオカルトの世界で感じたことを示しているのかもしれない。

　奇妙で不吉な蠍座的イメージが多くのカードに投影されている。例えば、牡牛座10のメデューサの頭や、山羊座10の威嚇するハゲタカなどである。また、月のノース・ノードは、人生を照らすべき光として描かれているが、サウス・ノードは私たちがかつてそうであった「蛇の存在」を表している。では、ミュシェリーがタロットに占星術的な解釈を表そうとしたのは、単に占いの人気やオカルトへの興味が再燃したからなのだろうか。それとも自分自身を視覚的に表現したいと無意識に望んでいたからであろうか。

サビアン・シンボル

　ミュシェリーにとって思考とインスピレーションの惑星である水星は蠍座の11度にあり、10度から11度のための蠍座のカードでは、蛇が自分の尾を飲み込む図柄が世界を象徴している。

彼のこのカードの解釈は「終わりと再生」であることから、ここでは自然の永遠のサイクルの象徴としてウロボロスが描かれているのである。1925年には、遠く離れたアメリカで、偶然に（あるいは同時発生的に）著名な占星術師のマーク・エドモンド・ジョーンズもデカン・システムについて研究していた。彼は、透視能力をもったエルシー・ウィーラーと共に、黄道十二宮の各360度について、象徴という観点から記述している。サビアン・シンボルとして知られるこの度数システムでは、蠍座11度は「溺れる人が救助される」と読める（確かに、ミュシェリーは人生で2回、溺れているところを救助されている）。また、金星が蠍座の20度から21度にあるのは、「良心に従う、兵士が命令に抵抗する」と表されるのに対して、ミュシェリーの解釈は「盗み、恐れ、邪悪さ」であった。ミュシェリーが見ているのは蠍座の暗い面であるのに対して、マーク・エドモンド・ジョーンズ（太陽星座が天秤座で、月星座は獅子座）が見たのはポジティブな面だったのである。

　自分の良心に従って命令に抵抗した（伝統的な形式に固執しない）のか、それとも、溺れかけたときに経験した恐怖を通してなのかは定かではないが、ミュシェリーは自分なりに獣帯（黄道の南北にそれぞれ8〜9度ずつある帯状の地帯）のデカンの象徴的言語を表す、直接的で深遠な方法を見出した。アルメンゴールの素晴らしいアートワークとタロットの「元型的機能」の力を使って、彼はこのユニークな占星術のデックを作り上げ、当時の芸術および時代とともに、彼自身の出生図をもここに反映させているのである。

LE TAROT ASTROLOGIQUE

John Bauer Tarot

ヨン・バウエル・タロット

元型的な神話と魔術の世界に、幻想的な北方の情景が溶け込んだタロット。

クリエイター：ヨン・バウエル
イラストレーター：ヨン・バウエル
発行：ロ・スカラベオ、2018年

このデックには、20世紀初頭の代表的なスウェーデンのイラストレーター、ヨン・バウエル（1882-1918）の素晴らしい作品が用いられている。

　36歳で悲劇的な死を遂げるまでに1000点以上の作品を手がけたヨン・バウエルは、北欧の神話、風景、民間伝承などにおける光と闇を描いている。彼の作品には、おとぎ話と、ラファエル前派や象徴主義に影響を受けたファンタジーが溶け込んでいる。神秘的なキャラクター、トロールやオウガーといったおとぎ話に出てくる生き物が、暗い森を照らす。そこに、夏には光が多すぎ、冬には少なすぎるという極北の地での不気味で陰鬱な生活という効果が加わっているのだ。バウエルのユニークなスタイルには、スモーランド地方の森、自然、サーミ（スカンジナビア半島北部に住む少数先住民族）の生活、文化、初期ルネサンスのイタリア絵画などの大きな影響がうかがえる。

　このデックは、バウエルの絵画やイラストを用いてデザイン・制作されている。いわば、このデック自体が芸術作品であるわけだが、タロットとしても、神話に絡む幻想的なキャラクターや風景によって表現されているので、元型的なテーマが解釈・理解しやすいものになっている。このデックの絵柄はどれもバウエルの作品を精密に映し出しており、グレー、黒、ベージュといった暗めの配色で力強く表現されているが、これはスウェーデンの風景や森によく見られる色合いである。

鮮明な想像力

　子どもの頃のヨン・バウエルは、学業にはほとんど興味をもたなかった。しかし、豊かな想像力があり、本人いわく、いろんなトロールを遊び相手にしていたそうである。幼い頃からおとぎ話を書き、教科書のあちこちに友人や先生、地元の有名人の風刺画を描いていたが、そんな彼の望みはただ、ストックホルムにあるスウェーデン王立芸術アカデミーに入学することだった。やがて彼は、他の仕事をしながらも、1907年から1915年のクリスマスの時期に発行された『トムテとトロールに囲まれて（*Bland Tomtar och Troll*）』という書籍で挿絵画家としての成功を収めた。また、エッチング、壁画、劇場デザインも手がけ、スウェーデン、アメリカ、イタリア、ドイツ、イギリスで展覧会を開催した。

▶ 司祭

ここでの「司祭」はもはや聖
職にある人物ではなく、巨石
として描かれている。彼はずっ
と腰を下ろしたまま、膝の上
に登ってきた迷子の子どもた
ちに先人の知恵を授ける。
この巨石は、慣習的な知識
や安心感、信頼性、古代の
ルーツを象徴している。北欧
神話では、ルーンストーンに
は力を与える魔法のメッセー
ジが神々によって刻まれたと
言われている。

◀　カップの4

このカードは、暗くて不吉な森の中で、独りぼっちだが笑顔で考え込んでいる王女を表している。ここでは、周りの環境に対する彼女の希望と信仰が、愛を信じる気持ちにさせている。

◀　恋人

◀　死

◀　高位の女司祭

「高位の女司祭」には、水辺に座って水面を見つめる少女が描かれている。これは、直感で知る能力、そして自然とコミュニケーションをとる能力、そして瞬間と一体になる能力を象徴している。

▶ **カップのナイト**

ナイトは通常、自分が表す
スートの典型的な本質を探し
ている。ここでのカップのナイ
トは、自分の追い求めている
理想の愛が、頭上の雲のよ
うに遠いものであることを受
け入れている。

悲劇

　1906年にヨン・バウエルはエステル・エルクヴィストと結婚し
たが、二人は別々の人生を歩むこととなる。ヨンは絵のインス
ピレーションを得られる森で、エステルは愛する海のそばで暮
らしたのである。愛のこもった手紙を交わしていた二人だった
が、その関係は悪化していく。彼らはお互いの違いを乗り越え
ようとして、1918年にユルスホルムの新築の家に移り住むこと
にした。しかし、二人一緒の生活を築こうとし始めた頃、そし
てヨンが芸術で大きな成功を収めた頃に、悲劇が起こった。ヨ
ンたちはストックホルムに向かう途中、客船でヴェッテル湖を
渡ったのだが、その船が沈没してしまい、乗客全員が溺死し

たのだ。4年後に当局が船を引き揚げたときになってようやくヨ
ン一家の遺体は埋葬された。ヨンショーピングの都市公園
（Stadsparken）にはヨン・バウエルの記念碑が建てられ、
1931年にはエストラ・シュルクゴーデンにある彼の墓のそばに
も記念碑が建てられた。その碑文は「1931年、彼のヨン・バ
ウエルの友人であり、彼の芸術を愛する者がこの石碑を置い
た」という言葉で始まっている。

　しかし、ヨン・バウエルの芸術的才能を最も素晴らしい形で
記念しているのは、この神話とおとぎ話の贅沢なデックにまとめ
られた輝かしい絵の数々なのかもしれない。

Tarot of the Thousand and One Nights

タロット・オブ・ザ・サウザンド・アンド・ワン・ナイツ

シェヘラザードの伝説的な世界、東洋の魔術、詩、エロティシズムを称えるタロット。

クリエイター：レオン・カレ
イラストレーター：レオン・カレ
発行：ロ・スカラベオ、2005年

この素晴らしいデックは、オリエンタリズムの画風で知られる20世紀初頭のフランスの画家、レオン・カレによる『千一夜物語』の挿絵のオリジナルイラストを元に制作された。カードには『千一夜物語』の場面や登場人物が描かれており、18世紀のヨーロッパ貴族が理想とした、幻想的で官能的な東洋の世界が示されている。

　中近東の言い伝えによると、この一連の物語はペルシャの伝説的な女王シェヘラザードによって語られたという。かつて、毎晩若い娘に求愛するも満足できず、翌日には首を切り落とすペルシャの王がいた。しかし、シェヘラザードという機知に富んだ王女は、最初の夜、王に魅惑的で幻想的な物語を語り、夜明けになると話を途中で終わらせた。話の続きを聞きたくなった王は、次の夜まで彼女の命をながらえさせ、それが繰り返された。千と一夜の間、王女は物語を語り続け、とうとう王は王女を愛するようになり、彼女を永遠に殺さないと誓った。この物語には、有名な船乗りシンドバッドの航海や、アリババと40人の盗賊、アラジンと素晴らしいランプなどが含まれている。19世紀にリチャード・フランシス・バートンによって英訳されたこの物語は、ヴィクトリア朝社会の上品で若い女性たちにとって不可欠な、そして往々にしてこっそりと読まれる読み物となった。

　神話的で幻想的な大アルカナカードには、ドラゴンや翼をもつ存在、大蛇、空飛ぶ王座が描かれている。小アルカナのチャリス（カップ）、ワンド、ソード、ペンタクルのスートは、風景、宿屋、漁師、商船、鍛冶屋といった、人生のつつましい一面を表している。

　このデックは、強力な占い的側面以上に、その芸術的な魅力に重きを置いている。伝統的な元型や場面は新たに捉え直され、解釈の幅が広げられているものの、この豊かで緻密な美術作品によって、タロットの読み手はアラビアの神秘、秘密、官能的で東洋的な喜びに対するロマンチックな連想からひらめきを得ることができる。

▲　ソードの4

THE EMPEROR   IV   L'IMPERATORE
EL EMPERADOR   L'EMPEREUR

DER HERRSCHER   DE KEIZER

KNIGHT OF PENTACLES   CAVALIERE DI DENARI
CABALLO DE OROS   CHEVALIER DE DENIERS

RITTER DER MÜNZEN   MUNTEN RIDDER

ACE OF SWORDS   1   ASSO DI SPADE
AS DE ESPADAS   AS D'ÉPÉES

AS DER SCHWERTER   ZWAARDEN AAS

COURAGE   XI   IL CORAGGIO
EL VALOR   LE COURAGE

DER MUT   MOED

▶ 皇帝

▶ ペンタクルのナイト

▶ ソードのエース

▶ 勇気

Crystal Tarot

クリスタル・タロット

壮美で生き生きとした万華鏡のような芸術作品を、
趣のある自然な色彩で表現。

クリエイター：エリザベッタ・トレヴィサン
イラストレーター：エリザベッタ・トレヴィサン
発行：ロ・スカラベオ、2002年

ガラスにテンペラ（顔料をにかわで練った絵具）で描かれた『クリスタル・タロット』の絵柄はエリザベッタ・トレヴィサンによるもの。そこにはルネサンスやラファエル前派の芸術家はもちろんのこと、グスタフ・クリムトの影響も見られる。それぞれのコートカードと大アルカナは、まるでステンドグラスのような独特な絵画であるが、私たちはこれらを通して、秘められた精神と情動の世界をのぞき見るのである。

模様の中に模様を描き出すのは、エリザベッタ・トレヴィサンの真骨頂だ。彼女のアートの特徴は、さまざまな色の融合である。たとえば「節制」では暗めの赤紫や青緑や黄土色が用いられており、「世界」は大胆だが繊細な青の色調をしている。そして「悪魔」では鮮やかな紫、赤、緑が使われているが、ここで描かれている悪魔はどこか中性的で、不敵な笑みを浮かべ、虚ろな目をし、傍らに蛇のような仲間をおいて、私たちの心に潜む悪魔を呼び起こすようなイメージである。誘惑の試練にさらされたとき、私たちの本当の姿、本当の顔はどうなるのだろうか。

1957年に北イタリアのメラノに生まれたエリザベッタは、パドヴァの美術学校に進学する。有名な漫画家兼イラストレーターの父の作品から影響を受けた彼女は、絵画に人生を捧げてきた。エリザベッタはトレヴィーゾに住んでおり、ガッシュやパステル、水彩などを用いた混合メディアでパネルに作品を描いている。また、粘土、ガラス、木、布、壁面、パピエマシェの装飾のほか、イラストレーターとして多くの雑誌やエコロジーに関する児童書の挿絵も手掛けている。

多くのアーティストがそうであるようにエリザベッタもまた控えめで引っ込み思案な性格をしているが、好きな題材は実在のものであれ神話であれ、女性の姿だと述べている。こうした女性的な主題は、常に周囲の環境と関わっている。例えば「力」のカードでは、美しくも力強いラファエル前派風の神々しい女性が、従順なライオンを手なずけている。エリザベッタによれば、彼女の絵画は植物と動物の小宇宙が融合した独自の世界であり、人物たちはその世界の重要な一部となる。細部に鋭い注意を向けながら、彼女は植物や風景、海、空、室内など、環境のあらゆる側面をすべて探求するのである。

このタロット・デックは、それぞれがもつ独自の別世界への旅であり、その探求は決して終わることがない。

XV   IL DIAVOLO

THE DEVIL   LE DIABLE
DER TEUFEL   EL DIABLO

XI   LA FORZA

STRENGTH   LA FORCE
DIE STÄRKE   LA FUERZA

FANTE DI SPADE

KNAVE OF SWORDS   VALET D'EPEES
BUBE DER SCHWERTER   SOTA DE ESPADAS

XVII   LE STELLE

THE STARS   LES ETOILES
DER STERN   LA ESTRELLA

▶ ソードのネイヴ
（チェス盤）

ネイヴは、人生で何が得ら
れるかについて熟考し、分
析している。同様に、彼が
立っているチェス盤は、成功
の手段としての論理の実践と
使用を象徴している。

The Dalí Universal Tarot

ダリ・ユニヴァーサル・タロット

シュールレアリスムなモチーフと伝統的なタロットの元型が組み合わさった、
芸術的でエキセントリックなタロット。

クリエイター：ジュアン・ラルク
イラストレーター：サルヴァドール・ダリ
発行：U. S. ゲームズ／タッシェン、2014年

『 ダリ・ユニヴァーサル・タロット 』は、1970年代初頭にサルヴァドール・ダリによって制作されたと考えられている。この物議を醸したシュールレアリストのスペイン人画家は、映画プロデューサーのアルバート・R・ブロッコリからの依頼を受け、ジェームズ・ボンドの映画『 死ぬのは奴らだ 』のためにカードをデザインした。これは、ロジャー・ムーアがスマートな007役を初めて演じた作品で、カリブの麻薬王の愛人で占い師のソリテア（ジェーン・シーモア ）のためにカードデックが必要とされた。

世界最高のデザイナー、俳優、監督、アーティストに依頼することを信条にしていたブロッコリは、余裕のある予算を組んで、風変わりかつ裕福なダリに声をかけた。ダリはその依頼を受けたが、これはおそらく、秘教的なものに目がないことで知られていた妻のガラがダリをけしかけたのだろう。しかしダリが、このプロジェクトの途中でブロッコリの提示した予算金額をはるかに上回る法外な料金を要求したため、契約は破棄されてしまう。代わりにファーガス・ホールという知名度の低いアーティストの「魔女のタロット」が映画で使われることになり、ダリは降板させられた。ダリは自分のデックを別に作ることに決め、彼が80歳になる1984年に、そのタロットはアーティストが初めて作った最初のタロット・デックとして発売された。

このデックには伝統的なタロットの元型も含まれているが、多くはダリのシュールレアリスム的モチーフ──蝶（「 恋人 」）、薔薇の花（「 死 」）、妻のガラ（「 女帝 」）など──が描かれている。その一方で、「 魔術師 」と「 ペンタクルの王 」は自画像である。また、「 カップのクイーン 」が洒落た口ひげを生やしていたり、「 月 」が現代都市を見つめる女性の顔で、それを奇妙な甲殻類のような生き物が見ていたり、「 死 」が空中に漂う糸杉の中の不吉な頭蓋骨として描かれていたりするなど、シュールレアリスムの原理を暗示するものが多い。「 皇帝 」のイメージはロジャー・ムーアというよりショーン・コネリーに似ているが、これはダリがブロッコリと決別し、もはやこのデックが彼の映画のためのものではないということを強く主張しているのだろう。

ダリの空想的なイメージの数々が古典的なヨーロッパ絵画やオカルト的シンボリズムのコラージュと組み合わさった結果、ここに今日では、他に類を見ないような、ドラマティックかつエキセントリックでシュールなアートのデックが生まれたのである。

▲ 死

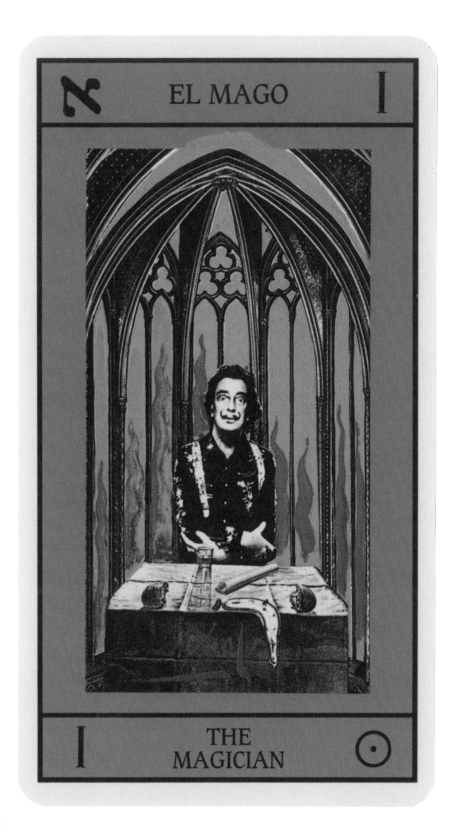

▶ 魔術師（自画像）

　　　THE DALÍ UNIVERSAL TAROT

The Wild Unknown Tarot

ワイルド・アンノウン・タロット

ミニマリズム的なペン画と繊細なシンボリズムが深い謎へと誘う。

クリエイター：キム・クランズ
イラストレーター：キム・クランズ
発行：ハーパーコリンズ、2012

この飾り気がなくシンプルな、それでいて謎めいたタロット・デックには、動物や自然があふれている。従来のデックとは異なり、小アルカナカードには「キング」「クイーン」「ペイジ」「ナイト」の代わりに「父」「母」「娘」「息子」が入っている。そして「ペンタクル」には鹿、「ワンド」には蛇、「カップ」には白鳥、「ソード」にはフクロウが登場する。大アルカナも動物で構成されており、例えば「魔術師」にはヒョウ、「高位の女司祭」には虎、「愚者」はアヒルのヒナが描かれている。ただし、「月」は月として静かな森の上空にある。アーティストであり作家でもあるキム・クランズが生み出したこの『ワイルド・アンノウン・タロット』は、それ自体が一つの世界になっていると言えるだろう。

キムはアメリカ西海岸に住んでおり、そこで創造的な活動や瞑想、ボディワークなどを通して個人の成長を促すワークショップを開いている。彼女はサーフィンや絵を描くこと、そして人生の大きな謎について考えることが大好きだが、そうした熟考の機会から、このタロット・デックは生み出された。キムによれば、この「ワイルド・アンノウン（ Wild Unknown ）」というタイトルは、ボブ・ディランの「アイシス（ Isis ）」という曲の歌詞に由来するらしいが、それと同時に、キムが2007年に立ち上げた出版社や自分自身のニックネームでもある。2012年にこのタロット・デックが初めて出版されると、『ワイルド・アンノウン』は、自分の内なる本質や謎を深く理解したいと考える世界中のタロット愛好家やアーティスト、ヴィジョナリー、自由思想家、信仰者のオンラインコミュニティとなった。

キムは『ワイルド・アンノウン』のことを、ある種の感覚でもあると述べる。言い換えれば、自分自身の内のさらに深いところでの感覚で、理解は及ばないが、もっと知りたいと思える感覚である。それは、無意識、インナーセルフ、魂、普遍魔術、気、神とさまざまな呼び方はあるけれども、常に身近な存在である。しかし、人生の中で最も適切な時、あるいは「その一瞬を生きている」時を除いて、私たちはこの部分と真に一体になることはない。自分の魂のこの神秘的な一面は、私たちの中に流れており、それがどんなに不快なものであっても、自己の成長へと向かわせるのである。

アンノウン（未知のもの）を超えて

キムがタロット・デックを作るきっかけは、この内なるエネルギーだったが、絵

▶ **司祭**

多くの伝説において、カラスは知性、柔軟性、運命の象徴である。また、大胆で恐れを知らないことも表す。一方、鍵は知恵への扉を開けるものである。

◀ ソードの8

▶ 吊るされた男

▶ 隠者

▶ ソードの母

▶ ワンドの父

を描くときはいつも、自分自身やその作品に自信をもてきれずにいた。ユングの「個性化（individuation）」と呼ばれるものであれ、魂の使命感であれ、キムの「ワイルド・アンノウン」は活動的なエネルギーである。それは私たちの内側に流れ、また私たちと共に流れるものだ。同様に、このデックによって、タロットの読み手は瞑想して答えを求めることができ、なおかつ自分自身の内なる神秘的なエネルギーを感じることができるが、それは自然界のスピリットとつながることで得られる体験である。

「ワイルド・アンノウン」とは、今まで行ったことのない場所であり、人生で遭遇する未知の要素、そしていつも手の届かないところにありながら、自分の内にも外にも存在するとわかっているものである。キムは次のように述べる。「それは、野性の彼方、未知なものの彼方、寛大さの彼方にある」

このデックにあるのは「ワイルド・アンノウン」な体験だが、『RWSタロット』（p.56）のシンボリズムと解釈の流れも受け継いでいる。「ソードの5」には、奇妙なことに二つに切り離されたミミズが描かれてさえいるが、これはある状況から真の現実

が分離されていること、それによる内面の葛藤、ないしは自ら願望を妨害していることを示している。「悪魔」のカードでは、毛むくじゃらで角を生やしたヤギが暗闇の中から姿を現しており、そのヤギのひづめには火がついて燃えているように見える。ここでのヤギは、パンやケルヌンノスのような角をもった異教の神々を彷彿させるが、さらに渇望、生存欲求、貪欲といった基本的な本能が、それらと結びついていることも思い出させる。ヤギは自分の足が燃えていることを自覚しているようだが、それは依存や欲望が私たちを燃え上がらせて小さな悪魔にさせてしまうことを示唆しているのだろうか。それとも私たちは自身を燃やす悪魔の火を消すことができることを表しているのだろうか。

このタロット・デックは、個人が成長するためのツールであり、自分自身が秘めている「ワイルド・アンノウン」なものを理解するためのガイドであるが、それは何よりも、自然界へと、また私たちのタロットの世界の中のその場所へと命を吹き込む比類のないミニマリズム的なアート作品となっている。

the hanged man

the hermit

mother of swords

father of wands

The Golden Tarot of Klimt

ゴールデン・タロット・オブ・クリムト

クリムトからインスピレーションを得た見事なアートワークが、
タロットの元型と調和した作品。

クリエイター：アターナス・アタナゾフ
イラストレーター：グスタフ・クリムト
発行：ロ・スカラベオ、2005 年

アターナス・アタナゾフ（1964-）は、ロ・スカラベオのお気に入りのアーティストの一人で、ボッシュ、クリムト、レオナルド、ボッティチェリなどのデックを手がけている。

テンペラ、水彩、クレヨンを用いたアタナゾフの作品は、裸体や風景、複雑な具象的構図で構成され、そのスタイルは上品でエレガントである。彼はヨーロッパ各地で展覧会を開いている。彼の創造力は、どのタロット・デックにも見られる文化的背景に活力を与えている。

アタナゾフは、クリムトの絵画の特徴を生かし、この特別なデックを作り上げた。例えば、「力」には「ユディトII」を、「高位の女司祭」には「フリッツァ・リードラーの肖像」を、そして「恋人」には、自身と生涯の伴侶エミリー・フローグを描いたとされる最も有名な作品「接吻」が使われている。

20世紀初頭のウィーンで活躍した象徴主義の画家クリムトは、今日では斬新な方法で官能的かつ優雅なスタイルを拓いたことで有名である。ベル・エポックの時代には、彼のボヘミアンな暮らしと裸婦に対するエロティックな描写は批評家や大衆や美術愛好家たちに衝撃を与え、その作風はポルノ的だとされた。サンダル、ローブ姿で個性的な生き方をしたクリムトは、複数の女性との間に14人の子どもがいた。精選された肖像画でウィーン大学のホールを飾る大きな仕事を依頼されたが、失敗に終わった。クリムトは、ホールに卒業生の肖像ではなく、見事な裸婦の絵画をいくつも描いたのだ。大学側は激怒し、クリムトの絵を淫らなものと非難し、制作費を返還するよう迫った。

しかし彼の画風は、印象派の風景画、マティス、シャガールといった前衛画家に代表されるさまざまな芸術運動と軌を一にし、彼はウィーン分離派の中心的な存在となった。展覧会はどれも大成功を収め、クリムトは「黄金時代」を迎える（「接吻」はこの時代の代表作）。1918年、クリムトは脳卒中で倒れ、当時ヨーロッパで流行していたインフルエンザに感染し、同年2月6日に亡くなった。残された数多の絵画は未完成であり、また残念ながら1945年には、ウィーン大学にあった絵画も撤退するドイツ軍によって失われてしまった。

クリムトの画風には、ギリシャやビザンティン、エジプトの古典美術に始まり、初期の写真や象徴主義的な写実主義に至るまで、さまざまな影響が表れる。画家アターナス・アタナゾフによる美しく仕上げられたデックは、そのすべてを掲示し、あふれ出る創造的な魂と共鳴している。

STRENGTH
LA FUERZA

XI

LA FORZA
LA FORCE

DIE STÄRKE

DE KRACHT

► 力

Deviant Moon Tarot

ディーヴィアント・ムーン・タロット

風変わりで幻想的、そして奇抜なタロットの世界。

クリエイター：パトリック・ヴァレンザ
イラストレーター：パトリック・ヴァレンザ
発行：U.S. ゲームス、2016年

タロット・アーティストのパトリック・ヴァレンザは、この他にも『トリオンフィ・デッラ・ルナ (*Trionfi della Luna*)』と『アバンダンド・オラクル (*Abandoned Oracle*)』も出版している。そんな彼による『ディーヴィアント・ムーン・タロット』は、現代アートタロットの中でも非常に奇抜なデックの一つである。

『ディーヴィアント・ムーン』は、ヴァレンザの墓石への愛着と新月に感じている魅惑から着想を得ている。新月のパワーとエネルギーをデック全体の軸として、登場人物と月をうまく繋げるタイトルがないかと考えていたときに、「ディーヴィアント (deviant)」という名称が天啓のように頭に浮かんだという。ヴァレンザは幼少の頃に、友達とよく地元の墓地で遊んでいた。大きくなると、大切な幼少期の思い出を残しておこうと、多くの墓石や墓所を細部まで撮影していたが、当時はその写真を何に使うかまでは考えていなかった。

このタロットのアイデアが浮かんだとき、手元には写真が何千枚もあったので、その写真の背景の質感や風景を加工して、『ディーヴィアント』の「市民」のブーツや帽子、コート、服として利用した。月の顔をしたキャラクターは、もともとギリシャの壺によく見られるような、古代の横顔像をベースにしている。しかし、横顔ばかりではつまらないだろうと思い、顔の四分の一を見せるように工夫した。そうして、暗い面は無意識、明るい面は意識を表すようになったのである。

廃墟となった精神病院の写真の中の建物や風景も作品の中に取り入れられており、その朽ち果てた扉や窓や壁が、城や工場や街になっている。小アルカナを見てみると、「ソード」では中世の世界を舞台に苦悩する存在が描かれている。「カップ」の人々は、魚の部位と墓石でできている。昆虫や葉でできた体をした「ワンド」の人物には、どこか部族的で土っぽい魅力がある。「ペンタクル」は19世紀末の斜陽産業をベースとして作られている。

ヴァレンザは、この創作プロセスを78人の子どもの育児に見立てたうえで、彼が手がけた子どもたちがタロットの世界で大成したことを誇りに思っている。ヴァレンザの冊子には、満月の形を真似た「ルナティック・スプレッド」という、10枚のカードを使った珍しい並べ方が載っている。幻想的なキャラクターと月の魅力を併せもつ『ディーヴィアント・ムーン・タロット』がカルト的なデックになったのは、当然と言えば当然の流れなのである。

▲ 魔術師

ACE OF WANDS

▶ ワンドのエース

このカードでは、蛾か蝶の母
親がさなぎの子を抱いている
様子が描かれている。さな
ぎは誕生と新たな始まりを表
し、蛾と蝶は共にクリエイティ
ブなアイデアがどんどん生ま
れる予兆である。

151   DEVIANT MOON TAROT

The Lost Code of Tarot

ロスト・コード・オブ・タロット

タロットの起源を、魅力的で幻想的なイラストで
架空の物語に仕立てたタロット。

クリエイター：アンドリア・アーステ
イラストレーター：アンドリア・アーステ
発行：ロ・スカラベオ、2016年

架空の物語を描いた、この創造性あふれるタロット・カードは、レオナルド・ダ・ヴィンチの暗号化されたノートおよびヴォイニッチ手稿の暗号文とイラストからヒントを得て制作された。従来のデックとは全く異なる『ロスト・コード・オブ・タロット』では、シンボルやカード、そしてこれらによって語られる物語が大きな謎かけのようになっている。まさに、「もし、本当にそうだったら？」と思ってしまいそうな作品である。

　『ロスト・コード・オブ・タロット』では、クリエイターでありアーティストでもあるアンドリア・アーステが想像した、タロットの別の歴史が語られている。彼の想像した物語では、ロンドンの考古学者アボット博士が古代の錬金術研究所を発見するのだが、そこには秘密の手稿と「歴史上初めて作られたタロット・デック」があったことになっている。アーステはこのタロットのことを、冒険、魔法、科学、謎が絡み合うマルチメディア体験だと述べる。入り組んだ筋書きは、古代のオカルト的な能力の争いと、架空の錬金術師が残した謎に包まれた文章（影の書）を中心に展開され、いかにしてアボット博士がこの本を解読し、タロットの本来の意味と真実を明らかにしていくかが語られている。付属の「影の書（ Book of Shadows ）」には、失われた暗号の物語が脚色されたドキュメンタリー風に書かれており、本体のカードと同じくらい興味をそそるものとなっている。

　ただ、素晴らしいデックではあるものの、カードの解釈は単純明快ではないため、初心者が扱うのは難しいかもしれない。しかし、これはタロットの使用方法の、主流とは異なる新鮮な切り口を創出している。

▲ 塔

▶ 世界

Prisma Visions

プリズマ・ヴィジョン

古典的なタロットの象徴体系に現代的アプローチを加えた
独創的で想像力に富んだ作品。

クリエイター：ジェイムズ・イーズ
イラストレーター：ジェイムズ・イーズ
発行：自費出版、2014年

豊かな色彩、示唆に富むイメージ、印象派風のパノラマ的な絵という独特のスタイルをもつ、芸術を愛する人のための美しいデック。小アルカナカードを順番に並べると、スートごとに一つの完全な絵になっている。どのカードもそれ自体が一片の絵画となっているが、それらをジグソーパズルのように並べていくと、タロットの読み手の眼前には、4つのスートの意味のためのさらに大きな光景が開けてくる。

伝統的なタロット・デックの従来の形式をとっているが、驚くべきことに1枚の「ストロベリー・カード」が付け加えられている。独特の美しさをもつこのタロットは、占い用として万人向きではないが、瞑想や内省にはぴったりだろう。

ロサンゼルスを拠点に活動するジェイムズ・イーズは、伝統的なメディアとデジタル・メディアの両分野で活躍している。魂や精神、心といった考えを探求する彼が手がけたデックは、物語性と興味深いシンボルに富んでいる。例えば、月明かりの中、救命ブイのかかった杭にぽつんと佇むコウノトリ（もしかすると「どこへ向かうかという真実が本当に見えていないのか」と問いかけているのかもしれない）や、歩み去った後にザクロの一部を残していく「高位の女司祭」（ザクロは肉体的・精神的な豊かさを意味する古代の象徴）などがそうだ。

「カップ」、ないし、ここでは「チャリス（杯）」のスートは「チャリスのバラッド（Ballad of Chalices）」と呼ばれ、そこでは愛の物語が綴られる。「ペンタクルの昇進（Rise of Pentacles）」にまつわる物語では、勤勉、物質主義、成功、繁栄、貧困がテーマとなっている。また、「ワンド」は、「火」と関連する魔法、創造性、情熱を表し、「ソード」は権力争い、幻滅、考え過ぎといった「空気」と関連する課題を示している。

最後に、予期せぬ追加の「ストロベリー」のカードは、リーディングで活性化された力の爆発、もしくは人生の重大な局面が宇宙から祝福されていることを表している。

JUDGEMENT

THE FOOL

TEN of PENTACLES

STRAWBERRIES

Tarot Noir

タロー・ノワール

中世をイメージしたスタイリッシュで現代的なデック。

クリエイター：マチュー・アキエア
＆ジュスティーヌ・ターネル
発行：エディシオン・ヴェガ、2013年

一風変わっているが陰鬱な美しさをもつ『タロー・ノワール』の絵柄は、15世紀のフランスの宗教的・世俗的な生活をイメージして制作されたもので、一般的なマルセイユ・タイプのタロットとは一味違っている。ふつうのタロットカードよりも大きめのサイズで、それぞれのカードからはファンタジー映画を彷彿とさせるような、ゴシック的で異様な雰囲気がにじみ出ている。

　『タロー・ノワール』は、メランコリックでありながら面白味がある。滑稽な生き物たちが、不気味さや驚異と拮抗し、描かれる登場人物は、「ペンタクルのクイーン」「力」「女教皇」などのように、さりげなく中世の衣服を身に着けている。最後のカードは女性の教皇のように見えるが、解説書では偽装した魔女の可能性を示唆している。当時、宗教的な事柄に関わる有力な女性といえば魔女だった。その彼女に聖職者の服（教会に属する服）を着せることで、異教とのつながりは見えにくくなっている。「悪魔」では、割れた蹄の獣が仮面をつけた生き物を操り人形のように踊らせて楽しむ様子が現代風にアレンジされている。

　中世の仄めかしは、他にも「聖なる血」（「聖杯」とも）としての「カップのエース」がある。（中世の年代記編者たちは、キリストの血を受け止めた神秘の杯に対する教会の信仰と関連するロマンスを創作した）。また、「死」がSF風のガスマスクをつけ、「恋人」のキューピッドが天使ケルビムではなく、不細工な羽をつけ、反抗的に太陽を覆い隠しているなど、ひねくれたユーモアも多々見られる。このデックは、巧妙なファンタジーのスタイルに15世紀の装飾を散りばめた混合物となっている。

　『タロー・ノワール』には、2種類のマルセイユ版からの影響がある。16世紀の『ジャック・ヴィエヴィル版』と19世紀に普及した『グリモー版』である。その後アキエアは、1818年に出版された悪魔研究の百科事典『地獄の辞典（ Le Dictionnaire Infernal ）』から影響を受け、ユーモアとひねりの効いた作品を創作する。アキエアは、ベルゼブブ、ケルベロス、サタンなどの悪魔的存在を再解釈し、彼独自のスタイルで恐ろしげな獲物や人間を描いている。

　このデックはおそらく、マルセイユ・スタイルのデックの中で最も型破りかつ、最も示唆に富み、中世の生活とホラー・ショーの空想世界を連想させる、暗く魅惑的な作品である。

▶ 隠者

▶ 愚者

▶ コインの2

▶ 悪魔

IX

L'ERMITE

LE . MAT

XV

LE . DIABLE

The Gilded Tarot Royale

ギルディッド・タロット・ロイアル

魅力的で洗練されたファンタジーが描かれた、未来世界のデック。

クリエイター：チーロ・マルケッティ
イラストレーター：チーロ・マルケッティ
発行：ルウェリン、2019年

このデックは、チーロ・マルケッティが最初に作った『ギルディッド・タロット』の改訂版ではなく、アーティストおよびデザイナーとして独自の才能を発揮するために、全カードを完全に作り直したものである。このデックには、登場人物、動物、生き物、風景、心象によって、活力が満ち溢れている。

チーロ・マルケッティは、ロンドンの芸術大学を卒業後、多国籍の企業デザインやブランディングを行う会社を共同設立し、現在はマイアミを拠点に活動している。チーロは占星術とタロットに潜む視覚的な象徴表現にずっと興味を抱いていたが、2006年に出版社のルウェリンから独自のタロット・デックを作ってみる気はないかと話を持ちかけられた。タロットを使う人の多くが親しんでいる『RWS』（p.56）を元にしながら、自身のタッチを加え、独特の質感とスタイルを吹き込んだ。そうして『ギルディッド・タロット』という傑作が誕生した。

しかし、より洗練されたソフトウェアの開発に伴い、チーロはオリジナルのデックを見直して、より魅力的な『ギルディッド・タロット・ロイアル』を作ることにした。より精緻で強い情感を得られるように、またタロットの象徴表現に潜む元型的な意味の本質とのつながりを強めるために、すべてのカードを作り直したのである。

チーロにとって、タロットとは求道者の旅を実現する舞台のようなものだ。このデックの舞台は「母なる大地（Mother Earth）」であり、詳細に描かれた鳥、風景、岩、草の葉、空で満たされている。そうした細部が、豊かさと奥行きを生み、読み手がタロットという鏡を見つめるとき、そこに映し出された自身の姿への異なる視点を与えてくれるのである。

たとえば「ソードの6」の旅に出る女性は、進んでいく自分をひっそりと見つめるヒキガエル（客観的な自分自身）には気づくことなく、盲目的に未来を見つめている。「カップの9」には宿屋の主人の気立ての良さが表れており、樽は豊かさを象徴している。杯の中を覗き込むネズミは、喜びを自然に受け入れることでの満足を想起させる。「ペンタクルの8」には、夜遅くまで一人で働いている見習いが描かれている。彼とは似つかわしくない連れは、もしかすると彼の良心、献身、進取の気性を示しているのかもしれない。

チーロ・マルケッティの『ギルディッド・タロット・ロイアル』は、真に洗練されたデジタル・アートの美しいデックであり、現代のタロットの中でも非常に独創的で感情に訴えるものとして傑出している。

▲ ソードの6

NINE OF CUPS

Esoteric and Occult Decks

第4章 秘教的デックとオカルト・デック

タロットは、何らかの形でルネサンス以前から存在し、はるかなる古代の信念体系に由来しているのか、あるいは単に、ルネサンス期のヨーロッパにおける思想や哲学と同時期に発生しただけなのかという論争は、いまだに決着がついていない。当時の芸術と同じく、宗教的な価値観のみならず、新たな人文主義的価値観をも広める手段だったのだろうか。名門一族やその生涯を称えるためのミニチュア絵画であっただけでなく、たいていは異教とされた秘教的な思想に関する言葉を目立たないように広めるための手段だったのだろうか。このことについては、いまだ疑問の余地はあるが、タロットは元型的、オカルト的、その他の何らかの秘教的な複合的体系を発達させるための媒体としても使用された。

この章では最初に、そうした「オカルト」デックの中でも、最も初期に登場し、最も謎に満ちたデックの一つである『ソラ・ブスカ』（p.164）に目を向け、その後に続く他のあらゆるデックへのその影響や関連性を見ていく。それからずっと後の19世紀末になって、スピリチュアリズムや秘教的な思想が台頭した頃、ハーメティック・オーダー・オブ・ザ・ゴールデン・ドーンが設立される時期と同時に、オスヴァルト・ヴィルトもタロットとさまざまな信念体系が対応することに気がついた。いやむしろタロットは、そうした信念体系のあらゆるシンボルを発見できる、共通の基盤である可能性に気がついた。ハーメティック・オーダー・オブ・ザ・ゴールデン・ドーンは、独自のタロット哲学をもっていたが、その信念体系を疑う分派も生まれてきた。A・E・ウェイトは、タロットにさらに霊的で心理的な解釈を施した（p.56参照）。また1930年代にはクロウリーがタロットのオカルト的な面に焦点を当てるようになっていった。

ゴールデン・ドーン・スタイルのデックの多くからは、今日でも入手可能な多数のニューエイジの秘教的デックが生まれてきた。ロバート・M・プレイスの『アルケミカル・タロット』（p.178）や、ゴッドフリー・ダウスンの『ハーメティック・タロット』（p.182）、より最近では、『イングリッシュ・マジック・タロット』（p.174）や、『スプレンダー・ソリス』（p.190）などのそれ以外のデックは、独自の基準を採用している。

タロットが秘教的な世界のどんな側面を照らし出すにせよ、いやむしろ、人が光を当てようとしたのがオカルト世界のどんな側面であれ、タロットはまさにそれを行うのにふさわしい視覚的媒体であり、またこの隠された異世界は、これら素晴らしいデックを通して生き生きとした形で現れてくるのである。

Sola Busca Tarot

ソラ・ブスカ・タロット

絢爛なアートと謎に満ちた相関性を持つ、
ルネサンス期の錬金術的デック。

クリエイター：不明、15世紀
発行：ルウェリン、2019年

▲ トランプ 22 世界

空飛ぶドラゴンは、錬金術のプロセスが完了した後の魂の自由を表している。ダヴィツ・ビューザーの版画に見られる、ヘルメス主義のバシリスクにも似ている。

『ソラ・ブスカ・タロット』は、イタリアで15世紀末までに制作された中で、すべてのカードが現存する唯一のデックであり、78枚のカードはすべて具体的な絵として描かれている。「古典主義」からの影響が明らかなこのミニチュアの銅版画の背後に見え隠れする謎は、美術史家やタロット専門家たちを常に魅了してきた。絵を描いたのは一体誰なのか、婚礼や祝典のために作られたデックなのかといった謎のほか、神話の英雄たちが描かれるのは、すべてが古典的であった当時の流行によるものなのか、それとも隠された意味が込められているのかなど、多くの謎に包まれている。

このデックが北イタリアで制作されたのは、1491年のことである。かつてこのデックを所有していたミラノのソラ・ブスカ家にちなんで名前がつけられたが、2009年にイタリア政府に売却され、現在はミラノのブレラ美術館に所蔵されている。A・E・ウェイトとパメラ・コールマン・スミスが大英博物館で写真によるオリジナルの複製を目にしたときに、この78枚の版画から、『RWS版』（p.56）のピップ・カードのインスピレーションを受けたと考えられる。

美術専門家によると、ルネサンス期のアンコーナの画家、ニコラ・ディ・マエストロ・アントニオが描いたという説や、フェラーラ公アルフォンソ・デステとアンナ・スフォルツァの結婚に際し、無名の画家が描いたという説がある。アルフォンソは、1491年1月にミラノ公ルドヴィーコ・スフォルツァの姪であるアンナと結婚しており、年代としては後者の方が一致する。結婚式の演出をしたのはレオナルド・ダ・ヴィンチであり、その同じ式で、ルドヴィーコはアルフォンソの姉であるベアトリーチェ・デステと結婚した。政治的に見れば、両家の結びつきを強化するための結婚式だった。エステ家の多くのメンバーと同じく（p.104参照）、アルフォンソも、芸術や、そしてもちろん人文主義的・魔術的なものすべてにおける偉大なパトロンだった。彼は後に、スキャンダルに満ちたイタリア宮廷のファムファタールである、ルクレツィア・ボルジアの最後の夫となる栄誉にあずかった。

秘密の写本

デック全体にわたって、錬金術や神秘主義を思わせる要素が数多く見られる。研究者たちは、古代ローマ時代を題材にした歴史的な物語に見せかけてはいるが、実際には、錬金術の知識を伝える秘密の写本だったのではないかと説明している。すなわち、「鉛を黄金」へと変えるための方法、あるいはよ

▶ セスト　6

羽の生えた足は、ヘルメス
のシンボルであり、天界と冥
界との間を飛び、神のメッ
セージを届ける彼の力を象徴
している。

　　　　　　　　　　SOLA BUSCA TAROT

◀ **ディスクの9**

炎を上げる炉は、錬金術に
おいて、魂の浄化のために
自己の原素材を「煆焼（かしょう）」す
るプロセスを表す。ヤヌス・
リキニウスによる中世の錬金
術のイメージに似ている。

ESOTERIC AND OCCULT DECKS

り秘教的な言い方をするならば、人間的性質を霊的啓蒙という黄金へと変容させるための方法を学んでいくための経路を示すものだった可能性があることを指摘している。こうした思想は、ルネサンス期に富裕層の上流階級者たちの間で大流行した。儀式魔術や占星術、錬金術へ向ける熱意は、権力を維持し、暴力的で物騒な時代を生き抜き、采配を振るい、自分の身を守るために、日々の行動指針において重要な位置を占めていた。デックの至るところに、この錬金術の作業の過程、すなわち個の啓蒙の作業を示唆する多義的な文字やシンボルがある。

『ソラ・ブスカ』の一部は、『セクレトゥム・セクレトルム（ Secretum Secretum秘中の秘 ）』と題する中世ヴェネツィアの写本と一致しているようにも見える。このテキストは哲学者アリストテレスと彼の弟子のアレクサンドロス大王の間で交わされた書簡で構成されている。そこではアリストテレスが、占星術、錬金術、神的儀式（テウルギー）、哲学、及びそうした力を扱う方法をアレクサンドロス大王に教えている。

中世の時代、アレクサンドロス大王は英雄的で神話的な人物として誇張されて語られていて、貴族社会において最も輝かしい歴史上の人物となっていた。古代からすでに彼は神格化されていて、伝説によるとグリフィンの引く戦車に乗って天国に昇った。このデックでは、アレクサンドロスは「ソードのキング」として現れる。彼に関連する登場人物としては、他に「ソードのナイト」であるアモンがいる。アモンとは、ゼウス・アモンのことで、アレクサンドロスの神話上の父であり、ギリシアのゼウスとエジプトのアメンが一体となった神である。「ソードのクイーン」であるオリンピアは、アレクサンドロスの伝説的な母であり、「蛇女」として知られる、オリンピュアスである。アレクサンドロスの「魔術の師」であるアリストテレスは、カップのナイトに見られるナタナボと呼ばれる人物として登場している。

ヘルメス主義の魔術

アレクサンドロスは、新たな「太陽」としても称えられた。太陽は、古代の錬金術における黄金、そして最終物質である賢者の石、すなわちラピス・フィロソフォルムのシンボルである。トランプ・カードの16である「オリヴォ」には、太陽の勝利が描かれ、錬金術の生物として有名なバシリスクも見える。バシリスクは粉にすると、錬金術での「黄金」を作るための重要な材料になった。

イタリアの専門家たちがさらに調査を進めたところ、製作者として可能性が浮かび上がったのは、ヘルメス主義の魔術師で秘教的な哲学者、ルドヴィーコ・ラッザレッリ（ p.110参照 ）だった。ラッザレッリの錬金術的・ヘルメス主義的な影響や力は、15世紀末のフェラーラやウルビーノ、パドバ、ヴェネツィアの宮廷に行き渡った。とすると彼こそが、この秘密めいた作品の真の編纂者なのだろうか？

『マンテーニャ・タロッキ』でも見たように、ラッザレッリは秘教主義者であり、詩人であり、ヘルメス魔術に精通していた。『ヘルメス文書』は、西暦2世紀の文書をまとめたもので、魔術師ヘルメス・トリスメギストスと、秘教的な知恵を学ぶ弟子との対話形式（前述のヴェネツィアの写本と同じ形式）で書かれている。ヘルメス主義を信奉するラッザレッリは、15世紀末にマルシリオ・フィチーノによって翻訳されたこの文書から影響を受け、このデックを制作したのかもしれない。

例えば、「カップの10」に描かれたターバンを巻いた男性は、中世の版画に見られる神話的なヘルメス・トリスメギストスに似ている。他にも、錬金術やヘルメス主義に関連する要素としては、次のようなシンボルが見られる。「ワンドの3」には、アデプトの頭から発するイルミナト、すなわち賢者の光が見られる。ヤヌス・リキニウスの版画における錬金術の炉として、「ディスクの9」では大釜が見られる。また、錬金術や魔術の神である

メルクリウスと同じく、「セスト（トランプの6）」の足には羽が
生えている。興味深いことに、ラッザレッリはヴェネツィアの書
店で収集した版画や装飾写本の膨大なコレクションを所持して
いた。それらがこの素晴らしいデックの源となったのだろうか。

　また、それらの公国の多くでは、自らの権力を守るため、よ
り邪悪な錬金術や魔術が使われた。例えば、最も不吉で印象
に残るカードのひとつである13の「カトーネ」には、槍が刺さっ
た目が描かれている。

　中世における占星術の文書『15の恒星についてのヘルメス
の書（The Book of Hermes on the Fifteen Fixed Stars）』によると、
恒星カプト・アルゴルは大いなる災いを呼ぶと考えられ、他者
に呪いをかけるために使われた。その恒星が位置する星座
は、古代の英雄ペルセウスに関連している。ペルセウスは、
蛇の髪を持つゴルゴンであるメデューサの首をはねた英雄だ。

メデューサの頭を表すアルゴルは、2世紀の天文学者ヒッパル
コスによって発見された。13の「カトーネ」のカードに描かれ
た槍に貫かれた目は、メデューサの目や、呪われた人間を石
に変えるその力を表しているのかもしれない。タロットでは、こ
のカードは呪いの力を示すが、それと同時に、誰かがあなたを
呪おうと考えていることを示唆している。

　錬金術的なものだったとしても、魔術的なものだったとして
も、あるいはラッザレッリが製作したものだったとしても、はたま
たどこかの「優れたタロット画家」が描いたものだったとしても、
『ソラ・ブスカ・タロット』は、見事なまでの芸術作品である。そ
の秘密は、15世紀のルネサンス期イタリアの奥深くへと浸透し、
ヨーロッパ全体へと広がっていった、ヘルメス主義的・錬金術
的な文化と、密接につながっている。

▶ デオ・タウロ

▶ カップの4

▶ ディスクのエース

▶ ソードの3

Oswald Wirth Tarot

オスヴァルト・ヴィルト・タロット

秘教的なタロットの世界における歴史的な先駆者。

クリエイター：オスヴァルト・ヴィルト、1889年
発行：USゲームス、1991年

ジョゼフ・ポール・オスヴァルト・ヴィルト（1860-1943）は、スイスのオカルティスト、アーティスト、著述家であり、スタニスラス・ド・ガイタとともに秘教主義や象徴主義の研究に没頭した。ド・ガイタは19世紀フランスの詩人で、薔薇十字カバラ団の設立メンバーであり、オカルト的なものすべてに関する専門家として有名だった。1889年、ヴィルトは、ド・ガイタのディレクションの元、22枚の大アルカナのみで構成される占いのタロットを製作した。『カバラ的タロットの22のアルカナ（*Les 22 Arcanes du Tarot Kabbalistique*）』として知られ、最初に発表されたのは1889年であり、『マルセイユ・デック』（p.44）の絵柄をベースにしながらも、オカルトのシンボルを盛り込んでいる。その後、カードの枚数を拡張した78枚のフル・バックを製作した。

オスヴァルト・ヴィルトは元々フリーメーソンで、占星術やオカルトにまつわる書物を数多く執筆しているが、当時よく知られていたのは、フリーメーソンの最初の三位階、すなわち、結社のイニシエーションの段階について説明した、3巻からなる短い本であった。死後になると、『中世絵師たちのタロット（*The Tarot of the Magicians*）』と題する著作により、主にタロットと結びつけられた。そこでは、特にカバラやヘルメス主義、フリーメーソンの観点から彼が発見することのできた、秘教的あるいはオカルト関連のものがすべて詳述されている。また、19世紀における偉大なる儀式魔術師であり、オカルティストであり、ゴールデン・ドーンによるタロットのシステムにも大きな影響を与えたエリファス・レヴィに、多大なる敬意が表されている。

ヴィルトはその本の中で、タロットがさまざまな教義とどのように対応するのかを詳細に述べている。哲学的な論調で、なぜ「愚者」には番号がないのかについても考察している。熟慮の結果、番号のないカードであることから、「魔術師」の前にも「世界」の後にも置くことができるが、すべてのカードを円や輪の形に並べると、始まりと終わりの間に位置することになる、と指摘している。よって、「愚者」は無限の象徴であり、私たち自身の本質そのものなのだ。

シンボルとエジプト

ヴィルトは、シンボルは私たちにより深い真実を教える精妙な方法であり、言葉という限られた手段とは異なる次元で私たちに訴えると考えていた（ユン

▶ 悪魔

悪魔の性器を覆う水星の記
号は、ヘルメス魔術の錬金
術的な変容において、啓示
に到達する前に内なる悪魔
を追い払うことが重要である
と示唆している。

▶ 運命の車輪

車輪を下りる神話上の獣は
私たちの罪を象徴し、「道を
切り開く者」を意味する狼の
姿をしたエジプトの神ウプウ
アウトは車輪を上り、進歩や
変化を喚起する（この神は、
アヌビスであると断定する学
者もいる。通常黒い頭部で
描かれるアヌビスは、死後
の生で魂を導く）。上部には
秘密の知恵の守護者である、
スフィンクスのような生物が
座っている。このカードは、
人生のターニングポイントや
重要な変化、真新しい可能
性を開く機会を表している。

グの元型の領域に近い）。また、タロットによって私たちが自分
自身の心の奥底を見ることができるのは、中世の魔術師やオカ
ルティスト、錬金術師、ヘルメス主義者、そして、カバラや古
代エジプトといった古くからの体系のおかげであるとも考えてい
る。また、それらの隠された真実を表現するのに、タロット以
上にシンボリックなコンセプトはないと主張している。

　ヴィルトはカバラについて、セフィロト（数）が創造の秘密を
明らかにし、大アルカナの22枚ある各カードが、それらの数
の各々に対応すると述べている。例えば、ケテル（1）は冠や
王冠を表すことから、すべての源である「魔術師」のカードと
なる。2番目のセフィラーはコクマーと呼ばれ、知恵や創造的な
プロセスに合致し、対応するカードは「高位の女司祭」となる。
また、中世の魔術の象徴体系に注目し、すべてのカードにヘル

メス的な錬金術を対応させた。例えば、「吊るされた男」は、
通常マグヌム・オプスとして錬金術では知られている、自己の
内面での「大いなる作業」の達成になっている。「吊るされた
男」は、違った角度から自分を見たときにだけ、自分が達成し
かけていることが見えるという、逆説的なカードである。

　芸術的な美しさやデックの華やかさには欠けるかもしれない
が、本と一緒に使うことで、そのシンプルさがタロットにおける
秘教的理解を示してくれる。

　『RWS版』より20年近く先に世に出たこのデックは、エリファ
ス・レヴィの考案したヘブライ文字の配属を含めた最初のオカ
ルト・デックのひとつであり、タロットにおける歴史的な指標と
して異彩を放っている。

la Papesse

le Bateleur

le Chariot

▶ 高位の女司祭

▶ ソードの4

▶ 魔術師

▶ 戦車

The English Magic Tarot

イングリッシュ・マジック・タロット

活力のある生き生きとしたシンボルに、
魔術的な層で厚みが加えられて深みが増している。

クリエイター：レックス・ヴァン・リン、
アンディ・レッチャー、スティーヴ・ドーリー
発行：レッド・ホイール／ワイザー、2016年

隠されている全てのものがオカルトなのだとしたら、また私たち自身の人生を映し出すのがタロットなのだとしたら、『イングリッシュ・マジック・タロット』は、秘められた真実の根底にある物語や宇宙と私たちの魔術的つながりを伝えている。

コミックと映画のアーティストであるレックス・ヴァン・リンは、2012年に脚本家のハワード・ゲイトンと初めてコラボレーションし、グラフィックノベル『ジョン・バーリーコーンは死なねばならぬ (John Barleycorn Must Die)』を製作した。主人公がタロットを使ってミステリーの鍵を解き明かす「秘教的な探偵物語」である。バーリーコーンが使う架空のタロット・デックは、実際に『イングリッシュ・マジック・タロット』のインスピレーションとなった。

バーリーコーンのタロットに向けてすでに制作していたアートワークを元に、ヴァン・リンは、毎日のスピリチュアルな儀式を通し、あるいは、同じくデボンシャー在住のアンディ・レッチャーとお茶を飲んで密談しながら、『イングリッシュ・マジック・タロット』のイメージについて、さらなるアイデアを見つけていった。レッチャーは、作家、ドルイド、フォークミュージシャン、新異教主義の専門家で、ヴァン・リンと同じく自然魔術に興味を抱いており、イギリスの魔術に関連するタロットにするべきだというヴァン・リンのアイデアを元に、デックの鍵となるテーマ作りに共同で取り組んだ。物語の重要な要素となるカードの彩色をイラストレーターのスティーヴ・ドーリーにまかせ、レッチャーは付属の本の執筆にも取り組んだ。

魔術的な階層

このユニークなデックは、さまざまな次元でストーリーを語っている。特徴的なイラストは、魔術やオカルトの実践が最も盛んだった時代のイギリスの歴史を代表する人物たち（多くは実在する地元の友人がモデル）を表している。例えば、エリザベス1世の寵愛を受けた占星術師のジョン・ディー博士は、魔術師のカードに現れる。

レッチャーはさらに、所々で色を変えた文字や、普通とは違うアルファベット、鏡文字などを使って、それぞれのカードに秘密のメッセージや暗号を書き込んでいる。例えば、「女帝」のカードに書かれた鏡文字は、鏡に映すと「solid thing (固い物)」と読める。これが手がかりの一つとなり、他のすべての手が

ESOTERIC AND OCCULT DECKS

TWO *of* SWORDS

▶ ソードの2

目隠しは、真実を見たり受け
入れたりすることへの拒否や、
方向感覚の欠如を意味する
と考えられることが多い。古
代ギリシャでは、テュケーは
幸運や偶然の女神であり、
後にローマ人は「盲目の運
命の女神」フォルトゥーナに
よって、女神のもつあいまい
な性質を描いている。

ESOTERIC AND OCCULT DECKS

◀ 「世界」

シンボリックなルーン文字の
アルファベットは、占いのテク
ニックとしてよく使われる。こ
こでは、デックに隠されたよ
り深いミステリーを解く手が
かりの一つとなっている。古く
から「世界」は「完結と達成」
を表す。ルーン文字は解読
すると「成し遂げて、終了し
た」と読める。

▶ 「愚者」

番号のない元型的な「愚者」
のカード（共同作成者アン
ディ・レッチャーの生意気な
表情で描かれている）は、先
に進むこと、リスクを冒すこと、
または暗闇に飛び込んで光
を見つけることを示唆する。

0 THE FOOL

かりをつなぎ合わせると、オカルトの宝探しが完成し、古代の
真実へと導かれ、デック全体が一つにつながる。

　レッチャーは、友人宅の庭にある納屋にこもって付属の本を
執筆したとブログに書いている。カードの解釈の仕方に確信が
もてずにいたが、自身のタロットに関する知識と、目の前にある
ものの直接性を頼りにしたところ、それぞれのカードが「彼に語
りかけてきた」ため、アートワークから伝わる鮮明なメッセージ
を書き留めたのだという。

ミステリー小説

　このデックが『RWS版』（p.56）の形式に準拠しているとして
も、グラフィックなイメージや、読み手が魔術的な側面を見
出すという趣向は新たな試みだ。この「ミステリー小説」タロッ
トは、レッチャーが復活させた記憶術のテクニックによって補完
されている。その記憶術とは、ルネサンス期のオカルティストた
ちが、思考をより高い水準へと引き上げるために使用したもの
だ。15世紀イタリアの哲学者ジュリオ・カミッロは、「記憶の劇

場」の偉大なる提唱者であった。また、ジョン・ディー博士や、
魔術師で哲学者のジョルダーノ・ブルーノなどにより、その他の
記憶術も使われた。象徴的で想像力に富んだマインドマッピン
グの一種である「記憶の劇場」は、古代ローマ時代に、情報
を思い出したり生み出したりする方法として人気だった記憶術
のテクニックと類似している。それぞれのアイデアを異なる部屋
や空間に配置し、自分がその部屋を歩く姿を想像すると、アイ
デアが喚起されてくるのだ。同じように、カードに隠された「ア
イデア」と、カードのシンボリックなイメージを対応づけることで、
タロットのリーディングが習得できる。

　タロットそのものがさまざまな次元において何かを語るとすれ
ば、このデックは、さらに多くの次元において物語る。登場人
物たちは、人生や不可解な謎、謎を解く手がかりや、アイデ
アとシンボルが織りなす世界へと入り込み、デックに躍動感を
与え、読み手が宇宙との魔術的なつながりを再発見できるよう
にする。そしてまた、自己の内部に隠されたオカルトの知識網
を理解する道筋も与えてくれる。

The Alchemical Tarot Renewed

アルケミカル・タロット・リニュード

錬金術の象徴的意味に基づいた79枚のカードからなるデック。

クリエイター：ロバート・M・プレイス
イラストレーター：ロバート・M・プレイス
発行：ハーミーズ・パブリケーションズ、2007年

アーティストであり、著述家、タロット専門家であるロバート・M・プレイスの秘教的なヴィジョンから生まれた『アルケミカル・タロット・リニュード』は、錬金術のシンボリズムと、伝統的なタロットのイメージを使用した79枚のカードからなるタロットである。読み手が錬金術を探求するとしても、タロットを探究するとしても、このデックは内なる知識の黄金へと導くようにできている。

オリジナルのデザインに手を加え、デジタルで彩色されたこのバージョンは、アンティークな錬金術のイラストで洗練されたものになっており、各カードには追加のシンボルが盛り込まれている。また、1995年に初めて発行された際、性表現が露骨すぎると咎められ、その後カップルがキスをしているイメージに差し替えられた、オリジナルの「恋人」のカードが含まれている。ロバート・プレイスが、このバージョンに両方のカードを加えたことで、私たちは、錬金術の王と王妃が性行為の姿勢で戯れるところにキューピッドが矢を放つカードと、そしてさらに、キスをしているカードとの両方を見ることができる。

ロバートがタロットの探求を始めたのは不思議ないきさつからだったが、その後、彼はタロットの歴史や象徴的意味、占いにおける第一人者となった。ロバートとタロットとの最初の出会いは、これから与えられる授かり物を賢明に使いなさいと、夢の中で告げられたことだったという。それから幾晩かが過ぎた頃、ある友人が、手に入れたばかりのタロット・カードのデックを見て欲しいと、彼の元にやってきた。ロバートはその『RWS版』（p.56）のデックに心を奪われた。タロット・カードをまったく初めて見たわけではなかったが、おそらく、これこそが「授かり物」だと気がついた。そして偶然にも、いやむしろ、シンクロニシティの瞬間が訪れ、今度は別の友人から『マルセイユ版』（p.44）のデックをもらった。タロットはロバートの世界を創造的なアイデアで満たし、まもなく、最初の執筆のパートナーとなるローズマリ・エレン・グィリーと、出版社のハーパーコリンズと出会う。『アルケミカル・タロット』は、最初の発行から20年が経ち、現在5版を迎えている。（訳注：2022年11月現在、『アルケミカル・タロット』は第6版発行済）

世界霊魂

ロバートは、タロットが出版を望んだのであり、アニマ・ムンディ、すなわち

THE EMPRESS

THE LOVERS

THE EMPEROR

THE DEVIL

► 女帝

► 恋人

► 皇帝

► 悪魔

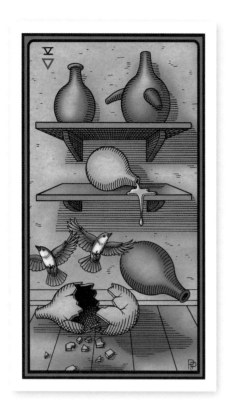

蒸留器が棚に置かれ、1つ
は床に落ちている。おそらく
は泥棒の鳥たちが、花蜜を
探して荒らしたのだろう。水
の要素記号は、「カップ」の
性質が感情や情緒であること
を思い出させる。このカード
は、愛の悲しみを表している
が、目を開けて、壊れていな
い「カップ」がまだ棚にある
ことに気づけば、幸せなる機
会は十分にある。

「世界霊魂」こそが、このプロジェクト全体のリーダーで、自分
は導きに従う職人に過ぎなかったと考えている。カードを通して
物語るのはアニマ・ムンディであり、自分はその知恵の媒介者
に過ぎないと考えているのだ。

　錬金術とタロットとの関わりに対する興味が一気に高まったの
は、アニマ・ムンディと関連する中世の錬金術のイラストが、「世
界」のカードに酷似しているのを目にしたときからだった。そう
して見ていくと、錬金術のイラストと大アルカナの各カードには、
その他にも相関があることに気づいた。彼はすぐに、カードが
錬金術的であり、大アルカナは「大いなる作業」を描いている
のだと考えるようになった。それによりロバートは、学術的・
芸術的な研究の段階へと導かれ、新たな探求を始めた。それ
は、精神的変容や占いのテクニックを理解するのにも役立ち、
さらに、それ自体が世界を表す作品である『アルケミカル・タ
ロット』へと導かれた。

　「力」には、緑のライオン（錬金術において、黄金を抽出

するための酸による精錬のシンボル）にまたがる女性が描か
れ、背後にはルナとソル、すなわち太陽と月が見える。「司祭」
は、錬金術のシンボルについての本を開いて手に持ち、「塔」
では、変容のための錬金術の材料を入れる容器である蒸留
器の下に、カップルがたたずんでいる。裸の「魔術師」はカドゥ
ケウスを持ったヘルメスで、水星の記号と羽根兜が、彼の魔
術的な能力を改めて告げている。カドゥケウスは、ヘルメスが
かつて、2匹の蛇の間に棒を投げ入れて、両者のケンカを止
めようとした神話について語っており、蛇たちが棒にからみつ
いているのは、相反する者たちがいかに話し合いで和解できる
かを示している。

　このデックは他にも、特定するのに若干の労力を必要とする
ような記号やシンボル、イメージに満ちているが、ロバート・M・
プレイスの鮮明でわかりやすい描写は、錬金術のビギナーに
も、経験豊富なオカルティストにも、同じように適している。

STRENGTH

▶ 力

カードの右上にあるシンボル
は「煮沸」を意味し、左下
にあるのは酸（硫酸）の記
号である。緑のライオンは、
黄金を抽出するための酸に
よる精錬を象徴している。

The Hermetic Tarot

ハーメティック・タロット

錬金術や占星術からのモチーフが、
ゴールデン・ドーンのヘルメス哲学を表す。

クリエイター：ゴッドフリー・ダウスン
発行：USゲームス、1990年

オカルトのシンボルや記号で満たされた白黒の『ハーメティック・タロット』は、サミュエル・マザース（ハーメティック・オーダー・オブ・ザ・ゴールデン・ドーンの創設者）のタロット・システムに基づいた非常に詳細なデックである。クリエイターのゴッドフリー・ダウスンは、西洋占星術の要素やカバラのシンボルを、ゴールデン・ドーンによる解釈と同様に組み合わせた。大アルカナでは、左上の角に対応するヘブライ文字が見られる。小アルカナには、天上のデカンにおける昼と夜の天使の名前が含まれている。

ゴールデン・ドーンのスタイルでは、「高位の女司祭」は、「銀の星の女司祭（the Priestess of the Silver Star）」、「女帝」は、「強き者の娘（the Daughter of the Mighty Ones）」、「司祭」は「永遠の金の魔術師（Magus of the Eternal Gods）」という別名がつけられている。

「恋人」は「神聖なる声の子ども（Children of the Voice Devine）」と名づけられ、ギリシア神話の有名なペルセウスとアンドロメダを描いている。アンドロメダが岩で鎖につながれていると、ポセイドンの深海から怪物が現れ、彼女に襲いかかった。ペルセウスは剣を振るい、メデューサの首で怪物を石に変えた。このカードは、彼らが結合する前を描いているという点において、それまでのタロットの「恋人」のカードから脱却を遂げている。錬金術ではコンジャンクチオ（conjunctio）として知られるこの結合は、結合を引き起こす引き金が必要となる。錬金術の変容のそれぞれの段階において、結合の前には、不純物と純物質とを分ける、分離のプロセスがある。

マザースは、完全なるものに達する前には混乱が必要だと説明するために、この神話を利用した。タロット・リーディングでは、このカードは、私たちには孤独が運命づけられているわけではないが、それでも、自分自身や自らの内なる混乱や分離を受け入れることで、真のコンジャンクチオに到達できることを表している。自分自身を愛し、自分の欠点や混乱をすべて愛するときにだけ、私たちは他人を愛することができる。

このデックは、錬金術の鉛を黄金に変えるプロセスが、心的にも霊的にも深い自己変容であることを示している。このデックからは錬金術の複雑性が輝き出しているが、豊富なシンボルの中には、タロットの別の側面、すなわち、世界霊魂と私たちのつながりに光を当てるという側面も隠されている。

THE MAGICIAN I

The Magus of Power

▲ 魔術師〔The Magus of Power（力の魔術師）〕

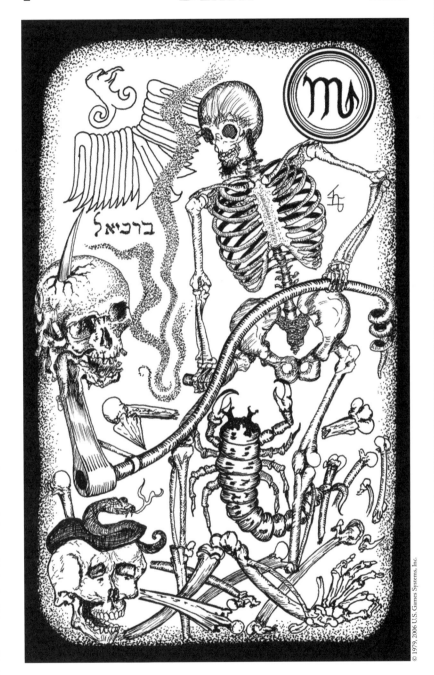

Child of the Great Transformers

▶ 死〔Child of the
Great Transformers
（大いなる変容の子）〕

蠍座の記号は、変容や変化、
別のサイクルに向かおうとす
る、あるサイクルの終焉と長
らく関連づけられていた。

Brotherhood of Light
Egyptian Tarot

ブラザーフッド・オブ・ライト・エジプシャン・タロット

エジプトの神話的文化をミニマルに描く。

クリエイター：C・C・ザイン、1936年
イラストレーター：ヴィッキー・ブルワー、2003年
発行：ザ・チャーチ・オブ・ザ・ライト（光の教会）、
2009年

C・C・ザインの書物である『神秘のタロット（ *The Sacred Tarot* ）』の必携と
して、グロリア・ベレスフォードが1936年にデザインしたカードを元に製作
されたミニマリストのデックである。その後のエジプシャン・スタイルのタ
ロット・デックに影響を与えた初期の重要なデックの一つだと言える。

　ザインのタロット・カードは、フランスの高名なオカルティスト、ポール・クリスチャ
ンの本を元に書かれた1901年出版の『実践占星術（ *Practical Astrology* ）』と
題する本の挿絵と、『エジプトの秘儀（ *Egyptian Mysteries* ）』という謎の文書か
ら着想を得ている。信憑性に欠けるこの古代文書は、エジプトのイニシエーショ
ンの儀式や大アルカナの象徴が、秘儀の部屋の中にどのように彫られていたの
かについて書かれているが、これはおそらく、エジプト・リバイバルの絶頂期であ
る17世紀に出版されたものと思われる。

　C・C・ザイン（「ザイン」は、剣や輝かしい光と対応するカバラの文字）は、ア
メリカのオカルティスト、エルバート・ベンジャミン（1882-1951）の筆名である。
ザインは有名な占星術師となり、彼の諸作品は『光の兄弟団の教程（ *The
Brotherhood of Light Lessons* ）』として知られている。彼は第18王朝のファラオ、
アクエンアテン（アメンホテプ4世）に主に関連する「星々の宗教（ *The religion
of the Stars* ）」の再興に没頭した。

　魔術の女神であり、全ての力を与える女神でもあるイシスをはじめとし、カード
にはエジプト神話が取り入れられている。イシスのカードは2枚ある。1枚は神秘
的な「高位の女司祭」として「ヴェールを被った」イシスであり、もう1枚は「女
帝」としてヴェールを脱いだイシスである。象徴的で哲学的なピラミッドのモチー
フは、「塔」のカードに強烈に表れている。「月」に通常見られる山のように高
い二つの建造物は、ピラミッドに置き替えられている。「サルコファガス
（ *Sarcophagus* ）」すなわち「審判」では、ミイラになった家族が石棺から起き上
がり、古代における審判や贖罪を示す死後の生への信仰の力を表している。

　2003年、アーティストのヴィッキー・ブルワーが、このエジプシャン・スタイルの
タロットに活力をもたらすために、元々の白黒の絵をデザインし直して、2009年、
フルカラーのデックを完成させた。色調を抑えた象徴的な彩色は、古代エジプト
の王朝芸術に忠実で、神話の力と古代世界の信念体系に共鳴している。どん
な理由や方法で着想を得ていたとしても、このデックは、力強い象徴的意味とと
もに、20世紀初頭におけるエジプト・オカルト復活の精神を伝えている。

▶ 高位の女司祭

▶ 塔

▶ 月

▶ 審判

Tarot Illuminati

タロット・イルミナティ

スピリチュアルな知恵と啓示への現代的な解釈。

クリエイター：エリック・C・ダン
イラストレーター：エリック・C・ダン
発行：ロ・スカラベオ、2013年

このデックは、太陽や月、星、火などから発する神聖な光の力と、そのエネルギーから得られる霊的な成長に必要な知恵を表している。このデックを使うことで、読み手は個人的な内省や内なる啓示の旅へと連れ出される。タイトルは、イルミナティという名の秘密結社とは一切関係がなく、知恵の光と、カードの芸術的なスタイルと、光への言及のみを意味している。

　エリック・C・ダンは、アメリカを拠点とするフリーランスのイラストレーター兼デザイナーで、神秘主義系の書店で偶然にもタロット探求の旅と巡り合った。彼のタロットへの傾倒は、『RWS版』（p.56）や『アクエリアン』（p.74）、数点のルネサンスのデックを研究することから始まった。エリックは、タロットの中には、真実と啓示の内なる光があると気づいた。最初のカードとなる「ソードのクイーン」をデザインし、試しにソーシャルメディアに掲載してみた。するとすぐに絶大な支持を得た。そしてデックのアート制作を続けていたところ、ある夜、ひらめきの瞬間が訪れる。このデックで重要なのは、すべてを照らし出す知恵と宇宙の光であると気づいたのだ。こうして『タロット・イルミナティ』が生まれたのである。78枚のすべてのカードを描き終えた頃、元々決めていた著者の都合が突然合わなくなってしまったのだが、偶然に、あるいはシンクロニシティの瞬間に導かれ、タロット関連の著述家であるキム・ハギンスと出会った。彼女が著した付属の本は、この豪華絢爛な作品に無限の「光」を注いでいる。

　エリックの描いた「魔術師」は「錬金術師」と名づけられ、材料や原物質を霊的な黄金に変える儀式を行っている。錬金術のプロセスにおいて重要な色とされる赤と白の衣服を身にまとい、ヘルメス・トリスメギストスその人である可能性も感じさせる。こうした錬金術的な前提の元、エリックは普遍的な啓蒙へのグローバルなテーマに目を向けており、4つのスートはそれぞれ4つの異なる文化を表している。カップはヨーロッパのファンタジー、ペンタクルはほとんどがアジアか日本、ワンドはムーアやペルシャの伝統、ソードは特にエリザベス朝のイギリスを描いている。カードはどれも非常に演劇的で、『RWS版』や『マルセイユ版』のデックとの占い的な面での直接的なつながりはないが、美や啓示や感情を主題とし、情動的な反応を呼び起こしてくれる。

Queen of Pentacles

▶ ペンタクルのクイーン

古代の文化では、葡萄は神
をなだめるための神聖な果
物であり、豊穣や多産、繁
栄を象徴している。

Via Tarot

ヴァイア・タロット

『トート・タロット』にインスピレーションを得た、
精神的な成長と啓蒙のためのデック。

クリエイター：スーザン・ジェイムソン
イラストレーター：スーザン・ジェイムソン
発行：ウラニア、2002年

熟練の版画家、アーティスト、イラストレーターであるスーザン・ジェイムソンは、イングランド南部在住で、「魔術結社」の会員でもある。この美しいデックは、主にクロウリーの『トート・デック』（p.64）でのセリーマの伝統に基づいているが、それに加えて、その他の出典に基づくカバラ、錬金術、占星術も含まれている。

　カードには、豊かな象徴的意味を生み出す源泉となるものとともに、鮮やかな具象的絵画で包み隠された元型的な主題や神話が描かれている。だが、レディ・フリーダ・ハリスによるオリジナルの『トート・デック』の抽象的なアートワークの絵柄よりも親しみやすい。ジェイムソンは、大アルカナのイメージが、最初は予言的な夢によって、その次には黒曜石の水晶を使った透視の儀式によって、どのように浮かんできたかを回顧している。

　小アルカナのカードは、ジェイムソン自身の内なる霊的作業に加えて、クロウリーの手記やデザインの解釈から着想を得ている。コート・カードの人物たちは、劇的かつ活力に満ち、多くは陸や海の風景の中で描かれている（例えば、「カップのプリンセス」など）。

　『ヴァイア・タロット』の生き生きとした人物たちは、各カードの背後にあるエネルギーを表すために、印象的な表情や動作が付与されている。例えば、「ワンドのエース」は、意気盛んな人物が、燃えるように赤い杖を高々と掲げ、カードの背後にある情熱や火の要素とのつながりを身振りで示している。スーザンは水彩や油彩で描くことが多いが、このデックのアートワークは色鉛筆で制作している。この鮮明な『トート』スタイルのデックは、精神的な面のリーディングや、内省、個としての成長、魔術的な瞑想などに適している。

▶ 永劫

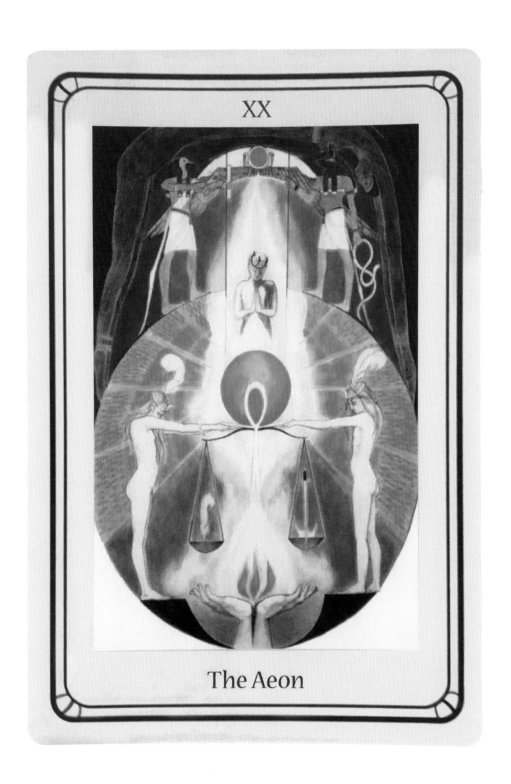

XX

The Aeon

Splendor Solis Tarot

スプレンダー・ソリス・タロット

16世紀に作られた錬金術の装飾写本に基づく。

クリエイター： マリー・アンジェロ
イラストレーター： デビー・バッチ
発行：FABプレス、2019年

『スプレンダー・ソリス・タロット』は、自己の内面における錬金術的変容の内なるプロセスを理解するための、精緻かつ教化された経路になっている。大アルカナは、職人たち、すなわちその過程の中の変容の力を明らかにする諸元型を表している。小アルカナは、霊、魂、精神、肉体の4つの世界を表す4つのスートからなる。

オリジナルは、1582年頃に作られた『スプレンダー・ソリス（ Splendor Solis ）』（太陽の光輝）と題する錬金術の書物で、パラケルススの師であったとされる、高名なサロモン・トリスモジンが作者であると言われている。22枚からなる一連の図版で構成され、王による錬金術的な死と復活が象徴的に説明されている。また、フラスコ、ないしは蒸留器が7個描かれていて、当時知られていた主要な惑星にそれぞれが対応づけられている。

元型心理学やユング派の著作家で研究者のマリー・アンジェロと、画家であり出版者であり、また25年以上のタロット・リーダーとしての経験を持つデビー・バッチは、共同でこの美しくユニークなデックを製作し、自らの内に黄金を発見するという錬金術的な秘密のメッセージ——隠されていながらも、タロットの作業を通じて表面化するメッセージ——を、明らかにしている。

► 魔術師

► 女帝

► ワンドの5

► 死

I ~ ALCHEMIST ~ 1

Alchemy of the Magician

III ~ ROYAL PAIR ~ 3

Alchemy of the Empress

5 ~ MARS of LIVING FIRE

Alchemy of the Five of Wands

XIII ~ WHITE BIRD ~ 13

Alchemy of Death

Cosmic Tarot

カズミック・タロット

さまざまな信念体系を包含する古典的なニューエイジ・デック。

クリエイター：ノルベルト・レッシェ
イラストレーター：ノルベルト・レッシェ
発行：AGM-ウラニア、1986年

ゴールデン・ドーンの体系をベースにした『カズミック・タロット』は、神秘主義的なニューエイジ・デックとして人気が高く、あらゆる信念体系を包含し、探求者に宇宙の力を与え、占いや内省に必要な洞察力を自らにもたらす。

クリエイターのノルベルト・レッシェは、ドイツ在住で、初めは測量技師であったが、後に美術史を学び、最終的に画家兼イラストレーターになるという念願を果たした。この78枚のカードからなる完全なデックは、コート・カードを除き、元々の『ゴールデン・ドーン版』を新たに描き直した改訂版になっている。しかし、大アルカナは、元々の『ゴールデン・ドーン版』と対応する数枚のカードを除いて、ウェイトによる『ゴールデン・ドーン』の改訂版の方に沿ったものとなっている。

例えば、「運命の車輪」では、夜空に大きな車輪が描かれ、カバラの生命の樹と対応するように惑星が並べられている。中心に太陽の記号があり、そのまわりに惑星の記号が配置され、それらを星座の記号が取り囲んでいる。

だが、ノルベルトのタロット・デックは、占星術やカバラ、ヘルメス主義、秘数学などの教義の元型的な本質を捉えるために、できるだけシンボルを少なくしてタロットの再創造を試みている。「ワンドの6」では、若い男性が勝利の月桂冠を被り、王冠を戴いたライオンが若者の成功を認めていて、男性のチュニックに描かれた木星の記号は、知恵が私たちの原始的な本能を手懐ける道筋であることを示している。多くのタロット・デックよりシンボルは少ないかもしれないが、「読み手に道を示し」、タロットに内包されている、さらに深い元型の集合とつながるのに十分なだけのシンボルは含まれている。この1980年代の昔のスタイルのデックには、生き生きとしたコート・カードの人物像が描かれている。多くの再調査された見解によると、それらの多くがハリウッド・スターたちを描いていた可能性もある。あるいは全てのタロットと同様、それらはその時代の文化的理念の単なる元型的人物像なのかもしれない。

ジーン・ヒュエッツによる解説書『カズミック・タロット』では、宇宙、社会、個人の世界という3つの次元へのカードの記述があり、レッシェのタロットへの完璧な手引書になっている。

▲ ワンドの6

自信に満ちた若い男性が、古代の世界における勝利を象徴する月桂樹の冠を被っている。

Wheel of Fortune

▶ 運命の車輪

COSMIC TAROT

Tarot of the Holy Light

タロット・オブ・ザ・ホーリー・ライト

現代の多くのオカルト・デックと同じく、読み手にとってシンボルが何を意味するのかについて、より深い気づきを与え呼び覚ますためのシンボルや細部描写で満たされた見事なタロット。

クリエイター：クリスティン・ペイン＝タウラー、マイケル・ダワー
発行：ノレア・プレス、2011年

中世後期とルネサンス期のアートワークのコラージュを使い、デジタルで製作された『タロット・オブ・ザ・ホーリー・ライト』は、そうした時代に由来する秘教的見解やオカルト実践の豊かな融合となっている。クリスティンとマイケルは、コルネリウス・アグリッパやパラケルスス、キリスト教神秘主義者、ヤコブ・ベーメといった魔術師やオカルティストたちの象徴的意味の前提や哲学に、それとは別の薔薇十字団やカバリストや新プラトン主義者たちの見解を結合させている。

このデックは、オカルトの「照応（コレスポンダンス）」の力を明示している。数とアルファベットと占星術の象徴的なつながりは、（タロットにおいて明らかになったように）西洋におけるオカルト哲学の長い伝統の一部であり、18世紀にはクール・ド・ジェブランによって、19世紀にはエリファス・レヴィによって見出された。だがそれは、ハーメティック・オーダー・オブ・ザ・ゴールデン・ドーンの離脱していくさまざまなメンバーの見解によって解体されることになった。それによって、数千年は遡ると信じられていた伝統から脱却していく結果となった。

美しい色彩とシンボルで満たされたこのカードの意味は、そのままでは明瞭ではない。だがこのデックは、オカルト哲学の世界や古代の世界での占星術との関連性へと探求者を案内していく。例えば、このデックでは、「ソードの3」は、水星によって支配される天秤座の最後のデカンに対応づけられ、コミュニケーションと性急さを表している。蛇（悪意）が蛹のような心臓に巻きつき、錬金術の記号を十全に備えた十二芒星が天空の光となっている。このカードは、軽率な言葉がいかに自己破壊や痛みをもたらすかを伝えている。

錬金術の要素と占星術的な結びつきとの照応に基いたこのデックは、ヤコブ・ベーメなど、17世紀初頭の秘教主義者による魔術的な思想に満ちている。この秘教的な知識の融合は、大アルカナのカードにおいて顕在化している。『タロット・オブ・ザ・ホーリー・ライト』は、その後のオカルティストたちに先んじた中世の魔術師たちの霊的知識に光を当てている。また、研究や瞑想にも適しているし、エティヤやクール・ド・ジェブラン以前の昔の秘教的思想の指導者たちや錬金術に関するさらなる知識を提供してくれる優れたデックとなっている。

▶ 戦車

すべてを見通す目は、全人類を見渡すキリスト教の神意の目と、エジプトの神ホルスの両方と関連している。ホルスのワジェット（目の護符）は、死後の生でファラオを守るよう棺に納められた。

7 The Chariot II

Rosetta Tarot

ロゼッタ・タロット

力強いイメージが自己発見と魂の変容を誘（いざな）う。

クリエイター：M・M・メリーン
イラストレーター：M・M・メリーン
発行：アトゥ・ハウス、私家版、2011年

『ロゼッタ・タロット』のクリエイターは、M・M・メリーンという謎めいた画家でセリーマイト（「なんじ欲することをなせ」というクロウリーの哲学の信奉者）だ。クロウリーの『トート』（p.64）をベースにしたこのデックは、占星術や錬金術、カバラのシンボルが豊富に含まれている。

このデックは、ゴールデン・ドーンに起源がある普遍的言語を、タロットが語ることを示してくれる。『タロット・オブ・ザ・ホーリー・ライト』（p.194）でも言及したように、ゴールデン・ドーンは、古来の照応の多くの部分を自分たちの信念体系に一致させるために改訂した。

各スートの性質を反映させるために、さまざまな画材が使い分けられている。ここでの大アルカナは、第5のスート、ないしは5つ目の本質的要素であるスピリットのスートだと考えられていて、アクリル絵の具で描かれている。「ワンド（火）」は、色鉛筆とアクリル絵の具の組み合わせによって描かれている。「ソード（空気）」は、ドライポイントという銅版画の技法が使われ、後からアクリル絵の具で塗られている。「カップ（水）」は、水性インクと水性絵の具、さらにはアクリル絵の具という、複数の画材で制作されている。「ディスク（土）」は、油彩の顔料とアクリル絵の具で描かれている。すべてのスートでアクリル絵の具を使うことによって、カードにおけるスピリットの要素が強調されている。

クロウリーから着想を得たタロットではあるが、メリーンのデックには、錬金術のシンボルがより多く含まれている。「ディスクの3」には、巣房を作る蜂が描かれている。各巣房には卵が1つずつ入っていて、卵にはそれぞれ、水銀、硫黄、塩の記号が描かれている。「ディスクの5」には、時計などのたくさんの装置が描かれ、「ディスクの9」には、算盤（そろばん）が描かれている。

名前の「ロゼッタ」は、ロゼッタ・ストーン、すなわち19世紀への変わり目にロゼッタで発見された、前196年の古代エジプトの花崗閃緑岩でできた石碑と関連している。この三つの活字——エジプトのヒエログリフ（神聖文字）とデモティック、古代ギリシア文字——が刻まれた石碑は、謎だったエジプトのヒエログリフを解読する鍵であることが判明した。それと同様に、『ロゼッタ・タロット』にも、エジプトの象徴体系、ギリシア神話、錬金術の象徴が混在している。タロットが言語であるとすれば、この独特な言語の組み合わせこそが、理解の深化へと向かう道筋を開き、内なる作業において読み手と元型のつながりを可能にする。このデックは、瞑想や、自己発見、魂の変容に、有力なツールとなる。

▲ 高位の女司祭

SIX OF DISKS

SUCCESS

▶ ディスクの6

蜂は常に達成する力と結び
つけられてきた。古代ドルイ
ドにとって、蜂は太陽と成功
の象徴であった。ドルイドの
神聖な集会では、発酵した
蜂蜜を主な原料とする蜂蜜
酒が飲まれていた。

ROSETTA TAROT

XVI The Tower

Contemporary Decks

第5章 現代のデック

タロット人気の高まりを受け、毎年たくさんのデックが発行されており、その中から特別にいくつかを選ぶのは容易なことではない。だがここでは、さまざまな理由から他より抜きん出ているデックをいくつか紹介する。独自の芸術性をもっているものもあれば、変わったテーマを扱うもの、特定の人たちに向けたものもあるだろう。そこには、スピリチュアルな成長や、異教信仰、宇宙とのより深いつながりについて、さらなる気づきを得たいという私たちの文化的な欲求を反映する、ニューエイジ・スタイルのデックも含まれている。このニューエイジはさらに、人間性や自然、地球における私たちの居場所に敬意を払うといった、存在の規範を見つけ出すことにも関係している。

そのため、魔女や吸血鬼がたくさん登場するファンタジーなデックを好もうが、瞑想向けのデックの秘教的なイメージから力を得ようが、クリエイターがどんな装丁を選ぶかにかかわらず、タロットそのものに忠実であり続け、それぞれのクリエイターに探求を命じるのは、今使われている「生きているタロット」なのである。

『RWS版』でも、『トート版』でも、それ以外であっても、タロットの体系は、あふれんばかりのファンタジーや妖精物語、コミックのヒーローや神話の英雄、脅威や惨事といったテーマ、アーティストやその素晴らしい作品、あるいは単に、私たちの大好きな動物や口にする食べ物などに心酔している。そうしたテーマがタロットの芸術性を支配したわけではなく、タロットが私たちの人生に浸透し、私たちに力を与える術を見出してきたのだ。

本章では、現代という環境におけるタロットに目を向ける。もちろん、さまざまな疑問が浮かんでくるだろう。タロットの未来はどうなるのか。この本の「リーディング」によって、何を予言できるか。タロットは、時代とともに変化しても、タロットのままであり続けられるのか。文化的な流行によって姿を変えても、元型的な性質は生き続けるのか。

タロットは、私たち自身の探求だけでなく、タロット自体の探求についても思考するよう、私たちに疑問を投げかける。

ここで紹介するのは、世に出回るタロットの中でも、最高峰の現代的なデックたちだ。その数は、これからますます増えていくことだろう。

Dreams of Gaia

ドリームス・オブ・ガイア

最も奥深い自己を信じるための神話的で神秘的な力。

クリエイター：ラヴィーン・フェラン
イラストレーター：ラヴィーン・フェラン
発行：ルウェリン、2016年

オーストラリア生まれのラヴィーン・フェランが、10代の頃に心の健康問題で苦しむようになったとき、それが心の奥深くにある創造的な表現への欲求の現れだとは、誰も気づかなかった。アーティストになりたいという彼女の夢は、周囲の事情や、他人からの期待、彼女自身の自信の欠如によって打ち砕かれた。だが、アート・セラピーなど、さまざまな形式のセラピーによって健康状態が回復すると、内面の奥深くで、何かが光に向かって懸命にもがいた。30代半ばにして、彼女はプロのアーティストとしての活動を開始し、神聖なるものとの創造的なつながりを表現し始めた。

　デックの名前は、すべての神の母であり、現在では地母神としてより広く知られる、ギリシャの神ガイアに由来する。私たちは誰もが彼女に属しているため、この素晴らしいタロット・デックの表現は、神聖なものへの個人の夢へ、またガイアの元型的な性質がもつ夢へと私たちを連れて行き、向き合わせる。
　ラヴィーンは自身のWebサイトで、誰もが変化するように、自分も変化していることを認めている。自分らしくあること、自分を信じることが必要だと、彼女は考えている。『 ドリームス・オブ・ガイア 』のデックは、他の多くのタロット・デックとはまったく違った方法で、こうした個人が持つ「 自己 」の感覚を受け入れる。その哲学はシンプルで、「 探求すること、感じること、成長すること、癒すこと 」である。カードは81枚で、小アルカナは、「 空気 」、「 火 」、「 水 」、「 土 」の4つの元素に分かれている。大アルカナは『 RWS 』（ p.56 ）の形式と類似しているが、「 老婆 」「 豊穣 」「 知覚 」など、多様な元型的象徴を含んでいる。例えば「 0 」のカードは「 選択 」と名付けられ、愚者とその旅の選択という同じものを表現している。ここで私たちは、自身の選択で自身の運命を決めるために、自身の選択を引き受けていくことを学ばなければならない。
　詳しい付属の本やデックの色鮮やかなイメージによって、読み手は神秘的な存在や神話上の生き物に満ちた異教的な知識や伝説を理想化した世界へと足を踏み入れることができる。ラヴィーンは、読み手が自ら決断できるようなタロットの体系を、自身のアートで創造する「 道具職人 」であると自認している。アーティストであり、ヒーラー、神秘家であるラヴィーンの『 ドリームス・オブ・ガイア 』は、私たちの夢は宇宙と相互につながり、自分自身の最も深い部分を信じることを学べば、自分にとって正しい行いができるのだと思い出させてくれる。

▶ 空気のクイーン

▶ 豊かさ

▶ 選択

▶ 老女

XIII. QUEEN OF AIR

XV. ABUNDANCE

0. CHOICE

VI. THE CRONE

Bianco Nero Tarot

ビアンコ・ネロ・タロット

シンプルな画像で構成された珍しい白黒デック。

クリエイター：マルコ・プロイエット
イラストレーター：マルコ・プロイエット
発行：USゲームス、2016年

マルコ・プロイエットは、イタリア人の謎多きイラストレーター兼画家と思われる。その作品はエロチックなものから清らかなものまで幅広く、精緻に描き込まれた白黒のタロット・デックには、魅力的でモダンなひねりが加えられている。『ライダー＝ウェイト＝スミス版』（p.56）の絵入りの小アルカナと、『ヴィスコンティ』（p.36）にインスピレーションを得たイメージの注入とが混在するこのデックは、ビギナー向けであるとともに経験豊富な読み手向けでもある。現代的でありながら元型的でもあるシンプルなデックは、目に美しいだけでなく、シンボルや意味に満ちている。

　古い銅版画や木版画のスタイルで描かれたイラストは、イラストレーターが用いたクロスハッチングの技法によって明暗の効果が強調され、各カードに鮮明なイメージとコントラストを生み出している。例えば、「戦車」のカードでは、1頭の馬は細かなライン使いで暗い色に描かれ、もう1頭は対照的に白く描かれている。「正義」のカードでは、天秤を持った女性がくっきりとした黒と白の線画で描かれ、「恋人」は裸体が官能的だが、愛を込めて描かれており、オーブリー・ビアズリーやアール・ヌーヴォーの木版の影響を感じさせる。
　シンプルで象徴的なモチーフのもつパワーと、あなたがカードに見るものは、実際に、すべてあなたを映し出す鏡であるというタロットのメッセージが融合されたデックである。しかも、際立った黒と白のコントラストによって、そのメッセージはより鮮明になり、容易に理解できる。

◀ 女帝

女帝は、『ヴィスコンティ＝スフォルツァ・デック』に見られる鷲が装飾された盾を持ち、ヴィーナスの占星術記号がついたペンダントを身に着けている。

VII

THE CHARIOT

▶ 戦車

自信に満ちた戦士は成功や
決意、自制を象徴している。

©2018 USGAMES

205 BIANCO NERO TAROT

Tarot of the New Vision

タロット・オブ・ザ・ニュー・ヴィジョン

一風変わった「舞台裏」を描いたタロットが、
すべてのリーディングに深みをもたらす。

クリエイター：ピエトロ・アリーゴ
イラストレーター：ラウル＆ジャンルーカ・チェスターロ
発行：ロ・スカラベオ、2003年

『RWS版』（p.56）の形式やスタイルに基づきながらも、各カードに異なる視点を加えたこのデックは、オリジナルである『RWS版』の象徴的な見解に、一風変わった舞台裏を提供している。穏やかな色調にはヴィンテージの趣きが感じられるが、大アルカナと小アルカナでは、ときには180度、ときには90度など、異なる角度から見た場面が描かれている。ペンタクルのクイーンやソードのキングなど、多くのカードで登場人物の顔は向こう側を向いているが、登場人物のまわりの風景には、その人物が直面しているであろうこと、その人物の目の前で起きていること、その元型的瞬間に至るまでに「まさに起こりそうな」ことなどが示されている。

　例えば「ソードの10」では、視点が変わったことで、私たちの悪夢の原因となる、天から降り立った邪悪な人物の姿が見て取れる。「魔術師」は、大勢の人々を目の前にして立っているが、後ろに隠れたいたずらな猿がマントの裾を引っ張っていて、魔術師というよりは詐欺師のようだ。「高位の女司祭」は、2人の尼僧あるいは女司祭と、ザクロにとまった賢いフクロウ（どちらも隠れた知恵の象徴）を伴って、こちらに背を向けて月を見つめている。デックのイラストレーターは実際に双子で、2人の、異なりながらも共生する見解が溶け合い、各カードに見出せる新たな意味とともに、このデックに生命を吹き込んでいる。

IL BAGATTO / EL MAGO — I — LE BATELEUR / DER MAGIER

THE MAGICIAN

◀ 魔術師

このデックのカードはすべて、オリジナルの『RWS版』のデックと合わせて使用することで、よく知られた元型の「舞台裏」に何があるのかについて、より幅広い解釈をすることができる。

LA PAPESSA   II   LA PAPESSE
LA SACERDOTISA   DIE HOHEPRIESTERIN

THE HIGH PRIESTESS

REGINA DI BASTONI   REINE DE BÂTONS
REINA DE BASTOS   KÖNIGIN DER STÄBE

QUEEN OF WANDS

IL MATTO   0   LE FOU
EL LOCO   DER NARR

THE FOOL

IL MONDO   XXI   LE MONDE
EL MUNDO   DIE WELT

THE WORLD

▶ 高位の女司祭

▶ ワンドのクイーン

▶ 愚者

▶ 世界

Nefertari's Tarot

ネフェルタリのタロット

エジプトの魔術と神話が甦るタロット。

クリエイター：シルヴァーナ・アラシア
発行：ロ・スカラベオ、2000年

アラシアは、エジプトの神話や文化がもつ力と魔術に敬意を表するため、『タロット・オブ・ザ・スフィンクス』に金箔加工をふんだんに施して手直しし、このデックを製作した。2次元的に描かれたエジプト式の見事なアートワークと、豪華な黄金色の背景が特徴で、古代のシンボルに満たされた、瞑想にも占いにも最適のデックである。

　78枚のカードはすべてが絵札で、19世紀のオカルティストたちによって確立されたタロットとエジプトのヒエログリフとの関係に再び光を当てている。ネフェルタリは、ラムセス2世の高名な妻であった。ネフェルタリ・メリエンムト（美しき友、女神ムトに愛されし者の意味）の名でも知られ、ラムセス2世は彼女の栄誉に像や詩を捧げることで、彼女への愛を世に伝えた。戦場に行くときでさえ、ラムセス2世に同行したことでも知られている。彼女の死に際し、ラムセス2世は、テーベに近い王妃の谷に素晴らしい墓を建てた。（訳注：王妃の谷は、古代テーベに位置する現在のルクソールにある）。ネフェルタリの墓を覆う壁画は、彼女のさまざまな冠を見ることができるほか、死後の世界で彼女を助けてくれる、女神のイシスやハトホルとも関連している。このタロットも同様に、私たちの知る世界を超え、私たち自身の内側に隠された、未知の世界への旅となる。

◀ ソードの3

このカードは通常、悲しみや苦しみ、あるいは、他人の考えや言葉、行動に傷つけられた痛みを表す。だが、それと同時に、この暗がりに留まるか、光を探すかを自由に選べることも暗示している。

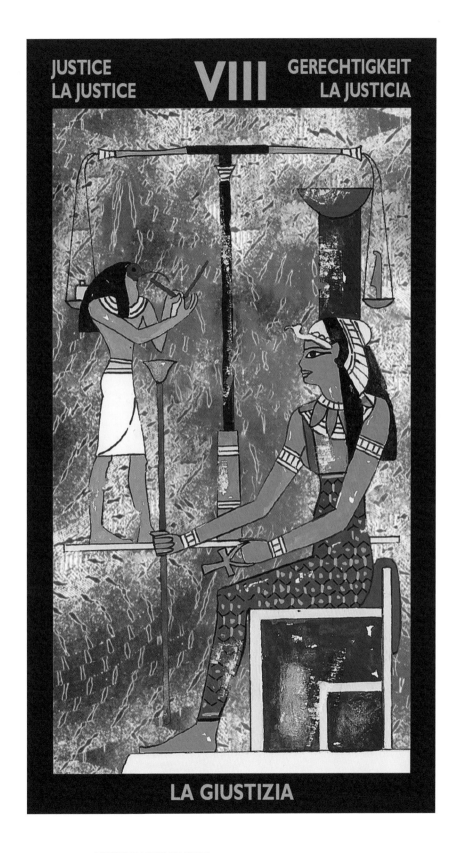

JUSTICE
LA JUSTICE

VIII

GERECHTIGKEIT
LA JUSTICIA

LA GIUSTIZIA

▶ 正義

アヌビスが、死者の心臓と
マート（真理）とを天秤にか
け、天国か地獄か、魂の運
命を決める間、冥界の王オ
シリスの共同統治者であるイ
シスは、生命の鍵とも呼ばれ
るエジプト十字アンクを手に、
審判を待っている。

Anne Stokes Gothic Tarot

アン・ストークス・ゴシック・タロット

禍々しきイラストの幻想的なデック。

クリエイター：アン・ストークス
イラストレーター：アン・ストークス
発行：ルウェリン、2012年

神話上の生物やこの世ならぬものたちで満ちたダークな世界観をもつデックで、アン・ストークスは、グロテスクで魔術的なタロットの世界を創り出した。吸血鬼やドラゴン、ゴシック・ファンタジーに魅力を感じる人であれば、怪奇で、時に恐れをも抱かせるこの世界を、嬉々として探索したくなることだろう。小アルカナでは、「ワンド」の代わりにドラゴンが描かれ、「カップ」は吸血鬼、「ペンタクル」は骸骨、「ソード」は天使となっている。すでに制作されていたアートワークが多く使用されたため、例えば、「戦車」の火をはくドラゴンと、「吊るされた男」のとぐろを巻く蛇など、大アルカナでは、不思議と一致する箇所が見られる。

　イングランド北部に在住するアン・ストークスは、ファンタジーアートの専業イラストレーターだが、かつてはロンドンに居住し、クイーンやローリング・ストーンズなど、ロックバンドのツアーグッズをデザインしていた。また、「ダンジョンズ＆ドラゴンズ」のイラストやコンセプトアートを手がけたほか、より最近では、Tシャツやポスター、マグカップ、その他の小物などに向けてライセンス化するイラストを制作しているが、もちろんタロットへの愛も忘れてはいない。このデックでは、彼女の思い描く暗黒世界が、血と不気味な城とサイバーパンクの吸血鬼によるゴシック・ホラーとしてのほか、神秘的な存在や妖精による魔術としても描き出されている。彼女のアートの力強い表現が、よりダークなファンタジーの世界へとあなたを誘うタロット・デックである。

QUEEN OF SWORDS   KÖNIGIN DER SCHWERTER

REINE D'ÉPÉES   REINA DE ESPADAS

▶ ソードのクイーン

ソードは、自分の思考や信念、
他者への反応に対する葛藤
を反映する。クイーンは後悔
しているが、幻滅に直面して
も強さを保つだけの知識を手
に入れている。

Book of Azathoth

アザトスの書

怪異なオカルトと秘教的な神秘との出会い。

クリエイター：ネモ
イラストレーター：ネモ
発行：ネモズ・ロッカー、2012年

ライター兼イラストレーターのネモが製作したこの怪奇なデックは、ホラーSF作家であるH・P・ラブクラフト（1890-1937）からインスピレーションを得ている。クトゥルフや、ニアラソテプ、冷酷な深きものどもなど、ラブクラフトの小説のキャラクターたちがデック全体に数多く登場するが、特定の物語を再現しているわけではない。ラブクラフトの作品は、わずかな人にしかわからない秘教的な知識や暗黒の真実に満ちており、その恐怖の世界は、創造性に富むタロット・デックにとって完璧な舞台となる。

ネモの小アルカナでは、「ペンタクル」には人間、「カップ」には深きものども、「ワンド」には角の生えた悪魔のような人型生物、「ソード」には人間らしき姿をした者たちが現れる。大アルカナは、ラブクラフトの不気味な世界のキャラクターやテーマから成り立っている。アザトスの風景は、ラブクラフトの海底に沈んだ都市、ルルイエに似て、そこにあるのは、気味の悪い死体や悪夢のようなへどろばかりだ。死してなおそこに眠る古代の海の生物クトゥルフは、「皇帝」のカードとして現れる。ラブクラフトの世界において、アザトスは盲目白痴の神である。

ネモがインスピレーションを得たのは、有名な『クロウリー・トート・タロット』（p.64）である。ネモは、ラブクラフトの世界には、「アザトスの書」と呼ばれるタロットがあったはずであり、海に沈んだ恐怖の都市では、かつてそのタロットが使われていたことだろうと示唆している。孤独を愛する作家兼クリエイターであるネモは、すべてのカードをペンとインクで描き、デックを完成させるのに6カ月を要したと語っている。また、自分が握るペンとクリエイティブな構想とがかみ合った途端に、ラブクラフトの世界が想像力を埋め尽したと明かしている。

ラブクラフト自身のインスピレーションは、子どもの頃の悪夢の記憶や、祖父が語ってくれたゴシック・ホラー物語から来ている。また、エドガー・アラン・ポーや、20世紀初頭における科学的知識の革命的変化からも影響を受けた。その活気ある、熱狂的で、悪夢にも似た空想科学小説のエネルギーは、カードの中に見事なまでに表現されている。また、カードは秘教的な象徴や記号で満たされ、「太陽」のカードには、太陽を中心とした黄道十二宮と錬金術の四大元素の記号が、「メイグス（魔術師）」のカードには、錬金術の魔方陣が描かれている。

このタロットは、独自の世界をもちながらも、新たなタロットの光で満ちたラブクラフトの狂気の暗闇を賛美している。

▶ 高位の女司祭

▶ カップの7

▶ 戦車

▶ 運命の車輪

II — THE HIGH PRIESTESS

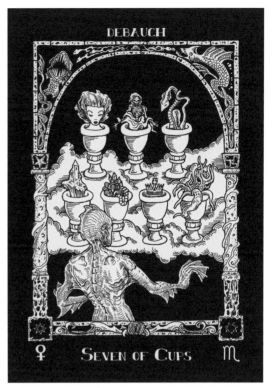

DEBAUCH — SEVEN OF CUPS

VII — THE CHARIOT

X — WHEEL OF FORTUNE

Shadow Scapes Tarot

シャドウ・スケイプス・タロット

ドリュアスやニンフ、セイレーンに満ちた神話的ファンタジーのデック。

クリエイター：ステファニー・ロー
イラストレーター：ステファニー・ロー
発行：ルウェリン、2009年

ステファニー・ローは、神秘的な色彩や、木の精、蝶、虫たちによる万華鏡に包まれた、元型的なメッセージに満ちた世界を作り上げた。

大アルカナの各カードは、元型的なテーマに関する物語を描いている。例えば、「愚者」のカードでは、セイレーンが世界の果てにある崖の上にいる。足元には狐が座り、彼女の信念の飛躍、あるいは文字通りの闇雲な飛躍が、安全だろうかと疑っている。だが、すべての愚者が知るように、彼女は危険を冒すだろうし、その冒険心によって無事に深淵を渡ることができるだろう。「女帝」のカードでは、蝶と精霊が、贈り物のリースを運んできて彼女の頭に載せ、渦巻く風とともに消える姿が描かれており、豊かな創造性と考えの容認を表している。

各スートは、動物界によってコード化されている。例えば、「ペンタクル」にはドラゴンや時々カメレオン、「カップ」には海の生物たち、「ソード」には白鳥、「ワンド」には狐とライオンなどが描かれている。「ワンドのペイジ」には、ニンフのようなバイオリン奏者が描かれており、彼女の音楽の夢の中では、妖精や狐たちが誘い込まれるようにやってきて、立ち止まって彼女の音楽を聴いている。深く没頭しており、すべての「ワンドのペイジ」と同じように、彼女は集中し、気づいている。

カリフォルニア生まれのプロのアーティストであるステファニーは、美しい水彩やミクストメディアを使用したアートワークやイラストによって、その名を知られている。タロットの主なインスピレーションとなったのは元型的なシンボルだが、虫やセイレーンや動物たちがワルツやタンゴを踊り、精緻な絵画の中でくるくると舞うファンタジーの世界で調和を生み出すために、振付けやダンスの知識も活用している。彼女の20年に及ぶダンサーとしての経験が、デックに登場する人間や鳥、木々、野生の風、空が奏でるリズムや流れる動きを理解し、イラスト作品の中で明確に表現するのに役立っている。

タロットの元型を通して理解するステファニーのファンタジーな世界は、自然やすべての生命の神聖な姿に読み手を近づける。

XVI *The Tower*

▶ 塔

突然の啓示や無知からの
解放の象徴であり、かつて
稲妻は、ギリシャの神ゼウ
スによって人間に与えられ
る罰の兆候であると考えら
れた。

SHADOW SCAPES TAROT

Vision Quest Tarot

ヴィジョン・クエスト・タロット

ネイティヴ・アメリカンのスピリチュアルな伝統。

クリエイター：ガヤン・シルヴィ・ウィンター、
ジョー・ドウス
発行：USゲームス、1998年

ネイティヴ・アメリカンのモチーフやシンボルを使ったこのデックは、聖なる教えや知恵だけでなく、伝統的なタロットの元型的な要素も取り入れている。シャーマンのビジョンや夢見を行うにも、瞑想をするにも、最適なツールである。

　大アルカナの混沌のカード（塔）は、輪になって燃える火の中で、後ろ足で立つ馬が描かれている。ネイティヴ・アメリカンの神話では、馬は個人のパワーを象徴するため、このカードは、まわりがすべて「燃え盛って」いるとき、混沌から抜け出せるよう導いてくれるのは、内なる強さであることを示している。「高位の女司祭」はメディスン・ウーマンに姿を変え、「運命の車輪」はスモール・メディスン・ホイールに、「女帝」はグランドマザーになっている。このデックでは、ネイティヴ・アメリカンの伝統に、タロットの主たる元型的なテーマが巧みに織り込まれている。例えば、「シャーマン」のカード（司祭）は、内なるスピリチュアルな導き手を探すために自分の内面を見つめるよう、そして、その知識と長老の知恵を融合するよう求めている。

　小アルカナは、4つの元素に分類されており、「ソード」は「エア」、「ワンド」は「ファイア」、「カップ」は「ウォーター」、「ペンタクル」は「アース」となっている。すべてのカードには、動物の精霊であるトーテムや、メディスン・ホイール、ヒーリングのモチーフなど、ネイティヴ・アメリカンの文化に基づく場面やシンボルが含まれている。矢や杖が「ファイア」を表し、壺や水瓶が「ウォーター」を、鳥が「エア」を、植物が「アース」を表している。コート・カードは、「ファイア」の聖なる火での作業や「アース」の機織りのように、エネルギーを扱う人々を描いている。

V
Shaman

Father
of Fire

Mother
of Fire

Four of Water
Abundance

▶ シャーマン

▶ ファイアのファーザー

▶ ファイアのマザー

▶ ウォーターの4

Golden Thread Tarot

ゴールデン・スレッド・タロット

シンプルながらも力強いイラストで、幅広い神話的要素を描いたデック。

クリエイター：ティナ・ゴング
イラストレーター：ティナ・ゴング
発行：ラビュリントス・アカデミー、2016年

装飾を最小限に抑え、純然たる黒と金色を用いたこの繊細なタロットは、タロットについての学びを深めようとして始められたイラストのプロジェクトが、最終的には『ゴールデン・スレッド・タロット』へと発展したものだ。ゴングがイラストのプロジェクトとして始めたデックは、くっきりとした輪郭線と様式化された絵柄を持つ、『RWS版』(p.56) から影響を受けた完全なるデックへと進化した。必要に応じて、あわせて使えるモバイル・アプリも用意されている。力強い金色のラインによって、シンプルながらも大胆に描き出されたさまざまなイメージは、アステカ神話や道教神話、シュメール神話、エジプト神話など、世界中の神話的な力の特徴を伝えている。

　力強いシンボロジーを伝えるティナ・ゴングは、デックのコンセプトについて、夜空から着想を得たと明かしている。また、「宇宙にあるすべてのものとつながっていて、未知の世界でイメージをつないでいる1本の糸の元型」に基いて描いたとも示唆している。偶然にも、道教の宇宙論における黄道は、太陽が1年かけて動く軌道を描いたもので、古代の占い師は、成功や調和、人生を変える決断に縁起のよい日を知らせるために、太陽の力を使ったという。
　同様に、『ゴールデン・スレッド・タロット』も、自分自身や宇宙と一つになる方法（タロットの私たち自身の人生へのミラーリング効果を含め）をより理解するための内面における精神的な作業にも、また、適切な行動や意思決定に光を当てる太陽の軌道としても、使うことができる。

◄　ワンドの8

►　塔

►　節制

►　カップの6

►　戦車

XVI

THE TOWER

XIV

TEMPERANCE

VI

OF CUPS

VII

THE CHARIOT

The Goddess Tarot

ガッデス・タロット

神話や伝説の女神を称え、私たちの人生における女神たちの意義を伝える、
示唆に富んだタロット・デック。

クリエイター：クリス・ウォルダー
イラストレーター：クリス・ウォルダー
発行：USゲームス、1997年

世界中の神話や文化を元に描かれた女神たちやその特質が、大アルカナの元型的な性質と一致している。例えば、「正義」にはギリシアの女神アテナ、「星」にはシュメールの女神イナンナ、「月」にはローマの女神ディアナ、「審判」にはウェールズの女神グィネヴィアが対応している。「白い幻」を意味するグィネヴィアは、領土や大地そのものの具現であり、王は彼女と結びつくことで、神から授かる統治権が与えられた。彼女は後に、アーサー王の妻であるグィネヴィア女王としてよく知られるようになった。

グィネヴィアは永久に騎士たちから愛された、高潔で気高い貴婦人とされているが、同時に、アーサーが宮廷を離れている間に不義を働いた裏切り者とも考えられている。「審判」のカードでグィネヴィアは、私たちが内なる「土地」（自分自身の堅固な部分）を受け入れるなら、他人にどんな判断や意見を向けられようと自分の意思に忠実であることを象徴している。グィネヴィアのように、私たちは自らの決断に責任を取る必要があるかもしれないが、その時正しいと感じたことを恥じる必要はない。

小アルカナのスートも、女神のテーマと同調しており、「カップ」はヴィーナス、「ステイヴ（ワンド）」はフレイヤ、「ソード」はイシス、「ペンタクル」はラクシュミーとなっている。

著述家でありプロのアーティストであるクリス・ウォルダーは、イングランドのランカスターにあるラスキン図書館や、ワシントンDCにある国立女性美術館など、数多くのギャラリーや美術館で展示を行ってきた。ニューヨークのブルックリンを生活と仕事の場とし、タロットのリーディングは、自分自身の中に真実を見つけ出すこと、そして、未来を創り出すのは自分自身の行動であると理解することに役立つと考えている。女神のエネルギーによって、私たちが必要とする元型的な性質とともに、癒しと変容に向けて最適な自分自身でいられるよう、努めることができるようになる。これは占いのためのデックではなく、自分自身と、自分の人生の道筋を見つけるためのデックである。

▲ イシス

「魔術師」のカードは、エジプトの魔術と月の女神イシスで表現されている。

▶ ヴィーナス

女神ヴィーナスは、愛とロマンス、情熱と欲望の究極のシンボルだが、その前身であるアフロディテもまた、虚栄心が強く、自らの美しさにとらわれていた。

VI ∾ LOVE

VENUS

Conclusion

終わりに

「タロットそれ自体に知性がある」というアレイスター・クロウリーの信念は、多くの人が思っている以上に、真に迫っているように思われる。実際に、最も初期のデックや創造的な同類のデックの物語や秘密を解釈する、ないしはアーティストたちがその元型的な性質を尊重し、活用し、自身の創造的な力を発揮している現代のタロットという書物を開くとき、人はこの生き生きとした力に魅了されることだろう。

タロットがエネルギーであり、声であり、秘密であり、叡智であり、これまでにあったすべてと、これから起こるすべてを伝えるメッセンジャーであるとするならば、ある意味で、それは神聖なものでもある。だからこそ、私たちがタロットと向き合うと、「宇宙と一体となる」瞬間に出会えるのだし、まさしくその瞬間に自分が誰で、どこへ行こうとしているのか、私たちは真実を理解するのだ。

タロットは興味深いパラドックスである。残酷なまでに正直でありながら、前に進む道を教えてくれる。実際に、タロットは決して嘘をつかず、常に真実を告げる。そのメッセージを読む人たちや、それらのメッセージに新たなビジョンを描いたり生み出したりする人たちの鏡となるだけでなく、あなたが誰であるかという深部をも映し出す。

劇作家のジョージ・バーナード・ショーは、「自分の顔を見るには鏡を使う。自分の魂を見るには芸術作品を使う」と言っている。もしかしたらタロットは、最も完成の域に達し洗練された芸術作品かもしれない。

Index

索引

アイコニック・タロット

―イタリア・ルネサンスの寓意画から現代のタロット・アートの世界まで―

2023年1月25日 初版第1刷発行

制作スタッフ
監訳　　　　伊泉 龍一
翻訳　　　　榎木 鳩、樋田 まほ、十倉 実佳子
翻訳協力　　株式会社トランネット（www.trannet.co.jp）
組版・カバーデザイン　神子澤 知弓
編集　　　　金杉 沙織
制作・進行　本木 貴子・三逵 真智子（グラフィック社）

著　者　　サラ・バートレット
　　　　　（©Sarah Bartlett）

発行者　　西川正伸
発行所　　株式会社グラフィック社
　　　　　〒102-0073
　　　　　東京都千代田区九段北1-14-17
　　　　　Phone：03-3263-4318
　　　　　Fax：03-3263-5297
　　　　　http：//www.graphicsha.co.jp
振　替　　00130-6-114345

ISBN 978-4-7661-3713-2　C0076
Printed in China